L'Arche de Zoé
les dessous de l'affaire d'Etats

Eric Breteau

L'Arche de Zoé
les dessous de l'affaire d'Etats

Plon

www.plon.fr

ISBN : 978-2-259-20922-9

Introduction

Je souhaite, en préambule, avoir une pensée pour mes cinq compagnons d'infortune qui ont beaucoup souffert de toute cette histoire et en souffrent aujourd'hui encore. Car même si nous avons été graciés et libérés le 31 mars dernier, nous ne sommes pas encore blanchis de toutes ces abominables accusations et nous allons continuer d'en pâtir jusqu'à ce que la vérité soit complètement rétablie.

Je souhaite également saluer les autres membres de l'équipe, ils sont à peu près une vingtaine, qui, fort heureusement, n'ont pas été arrêtés et n'ont pas vécu ce cauchemar de l'intérieur. Après avoir participé à une opération humanitaire exceptionnelle, avec un courage et un dévouement irréprochables, tous se sont sentis trahis, humiliés et salis par ces accusations.

Tout comme d'ailleurs les 260 familles du réseau d'accueil. Elles se sont mobilisées et investies pour donner vie à ce projet de sauvetage d'orphelins du Darfour et ont été profondément blessées par la tournure des événements. Elles ont subi de plein fouet les humiliations et les calomnies, et elles aussi, comme nous, attendent que l'on rétablisse l'entière vérité sur cette affaire.

Enfin, j'aimerais avoir une pensée pour les 103 enfants du Darfour. Car vous découvrirez au travers de ces pages que ces 103 enfants sont bien des orphelins du Darfour et qu'après avoir été évacués par nos soins de la zone de conflit où ils se trouvaient, et après avoir un moment caressé l'espoir d'une vie meilleure loin de la guerre et de ses souffrances, ils ont pour la plupart été renvoyés dans l'enfer du Darfour par des gens sans scrupules. Voilà le véritable drame, difficile à surmonter pour tous ceux qui, comme moi, ont côtoyé ces enfants et tenté de les sauver.

Alors, je dédie ce livre à toutes les personnes que je viens de citer – et à toutes celles que j'oublie et qui sont nombreuses à nous avoir soutenus dans les moments difficiles. Je leur assure que je vais me battre pour que la lumière soit faite sur ce que l'on peut appeler cette « affaire d'Etats ».

Au-delà des personnes qui nous sont proches, je crois que beaucoup aimeraient connaître enfin les tenants et les aboutissants de cette histoire qui défraye la chronique depuis des mois et sur laquelle on a tout entendu, ou presque, avec des accusations extrêmement graves et des rumeurs aussi calomnieuses que contradictoires.

Qui peut croire sérieusement aujourd'hui que les six cents personnes impliquées dans cette opération puissent être des pédophiles, des trafiquants d'organes ou tout simplement des trafiquants d'enfants...

Personne ne peut être dupé par ces accusations stupides d'opération prétendument clandestine réalisée avec un Boeing 757, en plein jour, sur un aéroport contrôlé par l'armée tchadienne et par l'armée française. On n'affrète pas un avion de ligne comme on fait une balade à pied. Il faut des autorisations administratives pour pouvoir décoller puis atterrir, il y a des contrôles de l'aviation civile, des contrôles douaniers, des contrôles d'immigration...

Personne ne peut croire que nous ayons organisé une « opération clandestine et illégale » en emmenant trois journalistes pour filmer, à notre demande, nos moindres faits et gestes...

Personne ne peut croire non plus qu'on puisse être arrêté et condamné à huit ans de travaux forcés pour un motif aussi grave, et gracié quelques semaines plus tard, sans qu'il y ait une nébuleuse politique derrière cette décision.

Il y a donc un grand nombre de rumeurs et de contre-vérités qui ont été répandues, volontairement, pour mieux masquer la réalité de l'opération.

Alors, pour répondre aux questions que tout le monde se pose, je crois qu'il faut reprendre l'affaire depuis son origine. Car aujourd'hui, les gens ont beaucoup plus de doutes et de questions que de certitudes.

Quelle est l'origine de cette opération ? Comment a-t-elle a été organisée ? Avec quels moyens ? Avec quels soutiens ? Avec quels appuis politiques ? Qu'est-ce qui a dérapé et qu'est-ce qui a entraîné cette cabale et ce lynchage médiatique ?

Chapitre 1

Naissance de L'Arche de Zoé

C'est en Indonésie, sur les rivages meurtris par le tsunami du 26 décembre 2004, qu'est née L'Arche de Zoé, issue de la volonté de quelques hommes et femmes d'agir pour venir en aide aux enfants. Ils refusaient de rester passifs devant ce drame hors du commun ou de soulager leur conscience à peu de frais en versant une obole à une organisation humanitaire.

L'Indonésie est un pays magnifique et attachant, mais ô combien dangereux. Les catastrophes naturelles s'y s'enchaînent à un rythme effréné. Pas moins de douze catastrophes majeures entre décembre 2004 et novembre 2006.

En deux années passées dans ce pays, j'ai pu me forger une solide expérience en matière d'action humanitaire sur zone de catastrophe. Le tsunami dévastateur du 26 décembre 2004 tout d'abord, qui a fait près de 300 000 morts dans quatorze pays de l'Asie du Sud-Est et qui m'a amené sur les rivages du nord de l'île de Sumatra. Là-bas, je découvrirai, au-delà du sinistre et des décors apocalyptiques, une détresse humaine comme jamais je n'en ai vu en plus de dix années d'expérience chez les sapeurs-pompiers ou au sein de la Protection civile de Paris. C'est le 17 janvier 2005 précisément que je suis parti en

Indonésie pour une durée de un mois, avec la simple volonté d'aider les enfants victimes de cette terrible catastrophe. Au bout de ce mois, plongé au cœur de ce drame avec les survivants, je n'ai pu me résoudre à rentrer en France et à laisser derrière moi tant de misère et tant de souffrance. Dans cette plaine de Lhoknga entièrement ravagée par la vague meurtrière, 95 % de la population d'un village de 40 000 habitants a été anéantie. Toute trace de civilisation a disparu, jusqu'aux fondations des habitations, balayée par cette vague géante qui dépassait, à cet endroit précis, l'épicentre du tsunami, 30 mètres de haut. Une puissance dévastatrice mille fois supérieure à la bombe d'Hiroshima.

Plus de 500 kilomètres de rivages de l'Asie du Sud-Est ont été balayés par le tsunami, mais comme souvent les médias et les organisations humanitaires, l'un n'allant jamais sans l'autre, étaient concentrés sur seulement quelques dizaines de kilomètres, laissant, faute de la moindre coordination, des milliers de sinistrés sans aucun secours ni aide humanitaire. Certains survivants de cette catastrophe ultramédiatisée, qui a attiré des centaines d'ONG et des milliers d'humanitaires, durent attendre plusieurs semaines, et même parfois plusieurs mois, avant de recevoir la moindre assistance. Autant dire une éternité quand on est plongé au cœur de ce drame.

C'est ainsi, à travers cette douloureuse expérience, que j'ai fait la connaissance du monde humanitaire, ces héros des temps modernes que l'on voit sur toutes les chaînes de TV. Et comme souvent, dès que l'on sort du champ des caméras, la réalité est bien pire que celle que l'on nous présente au journal de 20 heures. Les « grandes ONG » et les différentes organisations onusiennes, qui si on les écoute, sauvent le monde presque chaque semaine, ne sont en fait qu'un « système », bien imparfait et souvent inefficace.

Ce « système », qui dispose pourtant de moyens humains, techniques, logistiques et financiers considérables, fait « seulement » ce qu'il peut et rarement ce qu'il faut.

Quand on découvre, comme ce fut mon cas, l'envers du décor humanitaire, quand on rencontre autant de vies brisées, abandonnées lâchement au bord de la route parce qu'à cet endroit précis il n'y a pas de caméras pour filmer d'héroïques interventions, alors, il n'y a pour moi que deux façons de réagir. Soit on ferme les yeux sur cette insoutenable réalité et on tourne les talons pour aller voir ailleurs ; soit on se révolte et on se fait violence pour résister à cette souffrance et combattre pour la vie de ces victimes ; elles ont certes besoin d'aide et d'assistance, mais elles ont d'abord besoin qu'on les regarde et qu'on leur tende la main.

C'est sans doute le paradoxe de mon engagement humanitaire, un engagement total, du plus profond de moi-même. Il est né du désir de sauver des enfants de l'enfer dans lequel ils ont été plongés malgré eux, mais aussi d'une révolte contre un « système » qui laisse mourir les plus vulnérables parce que certaines victimes sont plus médiatiques que d'autres et qu'il vaut mieux se consacrer à des actions humanitaires qui rapportent des subventions plutôt que de porter secours à ceux qui sont le plus en danger, mais qui vont coûter beaucoup d'énergie sans rapporter le moindre euro.

Au nom de cette révolte intérieure, je suis resté sur les rivages dévastés de Sumatra un deuxième mois, puis un troisième, puis un quatrième... pour finalement y consacrer deux ans !

Deux années pendant lesquelles je suis le témoin impuissant du plus grand gaspillage humanitaire de l'histoire. Deux années pendant lesquelles je vois ces grandes ONG et ces institutions onusiennes dilapider, ou tout simplement placer sur des comptes épargne, les sommes colossales collectées à travers le monde entier grâce aux images qui tournent en boucle sur toutes les chaines de TV de la planète. Plus de 13 milliards d'euros seront récoltés, un record absolu, mais moins de 10 % arriveront réellement jusqu'aux victimes.

Par facilité, ou pour apaiser sa conscience, on pourrait se dire que c'est l'ampleur exceptionnelle de cette catastrophe qui a conduit à ce « naufrage humanitaire ». Mais l'année suivante, en 2006, j'ai assisté au même scénario lors du tremblement de terre de Yogyakarta, où je suis intervenu pour le compte d'une « grande ONG » française. Même schéma que pour le tsunami, même incompétence, même indifférence.

Toujours en 2006, lors de l'éruption du volcan Mérapi, puis à la suite du nouveau tsunami qui frappe le sud de l'île de Java au mois de juillet, le constat est le même, accablant !

Chapitre 2

Premier voyage au Darfour

Malgré le courage et la bonne volonté des hommes et des femmes déployés sur le terrain, les institutions onusiennes et les grandes organisations humanitaires font ce qu'elles peuvent, en fonction des ordres reçus, et non pas ce qu'il faut en fonction des besoins des victimes.

Partant de ce constat, en 2007, je préfère me consacrer à L'Arche de Zoé car une petite structure, souple, mobile et indépendante, peut être largement aussi efficace qu'une grande institution paralysée par sa lourdeur administrative et neutralisée par une gestion plus technocratique et financière qu'humanitaire.

L'Arche de Zoé est née sur les rivages meurtris par le tsunami, guidée par une seule idée : venir en aide aux enfants orphelins si injustement privés de leurs plus belles années.

Cette philosophie est la mienne, elle me poursuit jusque dans mes rêves, et je préfère de loin y consacrer ma vie que d'effectuer un travail sûrement plus gratifiant et plus rémunérateur au sein d'une grande institution humanitaire. Là où les raisons économiques poussent la plupart des humanitaires à travailler au sein des grandes ONG, mon cœur préfère être bénévole sur un navire humaniste comme L'Arche de Zoé

Même si cela doit être une galère, au moins je pourrai ramer à ma guise et dans le bon sens.

Les zones de guerre sont à mes yeux encore plus légitimes pour intervenir que les zones de catastrophes naturelles, c'est pourquoi je décide en 2007 d'orienter l'action de L'Arche de Zoé en faveur des enfants du Darfour. Une guerre qui a fait en quelques années plusieurs centaines de milliers de morts dans un silence assourdissant et l'indifférence presque totale de la communauté internationale.

Après avoir pris bon nombre de renseignements sur ce conflit, je décide de me rendre sur place pour constater par moi-même l'ampleur du drame et définir la meilleure action possible en fonction des besoins réels des enfants.

C'est en avril que je découvre pour la première fois les pistes du Darfour. Sur à peine 100 kilomètres de pistes, je croise plus d'une dizaine de villages calcinés, des populations éparpillées, égarées, hébétées... La guerre au Darfour est bien réelle, ce n'est pas une légende, et la population subit un véritable martyre, c'est indiscutable.

Après de nombreux contrôles par la police et par la Sécurité soudanaise qui font peser une ambiance très lourde sur mon périple, mon chauffeur local, Karim, décide de quitter la piste principale trop « contrôlée » et de nous emmener en brousse pour mieux cerner la réalité qui nous entoure. A peine un quart d'heure en dehors de la piste et nous voici interceptés par deux 4 × 4 pick-up lourdement armés. En quelques secondes seulement, nous sommes encerclés et braqués par une dizaine de kalachnikovs. Je sors immédiatement du véhicule en affichant un large sourire afin de montrer à ceux qui nous tiennent en joue que nous ne sommes pas hostiles et que je souhaite leur parler.

Je m'approche du premier venu, qui doit avoir à peine quinze ans, et je commence à lui parler en souriant. Il ne parle visiblement pas anglais mais son regard reste menaçant avant de devenir interrogateur. Mon sang se glace et mon cœur s'emballe, je crois qu'on appelle cela la peur ! Mais si je le lui montre, je suis mort, je le sais. Alors je continue d'avancer, je parle fort et je pose la main sur l'épaule de ce gamin qui, surpris, baisse son arme et commence à me parler dans un langage que je ne comprends pas. Les autres baissent tour à tour leurs armes et celui qui semble être le chef s'approche de moi pour me demander ce que je fais ici sur « son » territoire.

Je regarde un à un ces soldats, ou plutôt ces enfants-soldats, car hormis le chef qui semble être adulte, tous les autres ont entre douze et seize ans. Comment ces gamins en guenilles se retrouvent-ils là à conduire des 4 × 4 et à brandir des armes flambant neuves ? Je suis sur une autre planète.

Karim sort à son tour du véhicule et commence à leur parler en langage local. Il semble expliquer qui je suis et ce que je fais là, mais en fait pendant dix bonnes minutes je ne comprends pas vraiment ce qui se passe autour de moi. Je regarde ces gamins un à un, je les dévisage, je cache ma peur, mais mes yeux ne peuvent s'empêcher de surveiller toutes ces armes qui m'entourent. Je sais qu'en un instant je peux prendre une balle, sans véritable raison. Alors je reste extérieurement le plus décontracté possible, les mains sur les hanches et le sourire aux lèvres.

Il faut une bonne dose de culot et un certain degré d'inconscience pour se retrouver en pareille situation. Avec le recul, je me dis que c'était une pure folie, mais à l'époque je voulais découvrir le Darfour par moi-même. Je me devais de surmonter mes peurs pour prendre contact avec cette population que je voulais aider. C'était risqué, c'était osé, mais c'était nécessaire pour comprendre cette Afrique-là qui m'était inconnue. Cette rencontre du troisième type avec cette bande de gamins armés restera un moment très fort en émotion, et sans aucun doute l'épisode le plus intense de mon voyage dans l'enfer du Darfour.

Les présentations terminées, nous remontons dans le 4 × 4 et partons sous l'escorte des deux pick-up qui nous emmènent à leur campement pour prendre contact avec le « doyen ». En chemin, Karim m'apprend que ce sont des rebelles de l'ethnie « Four », l'ethnie la plus persécutée du Darfour, et que nous allons rencontrer leur doyen pour lui expliquer mon intention de venir en aide aux enfants du Darfour. Il ajoute qu'ils ne sont pas hostiles aux Blancs et que je ne dois pas m'inquiéter. S'il savait ! Voilà près d'une heure que mon cœur est au bord de la rupture, même si je ne le montre pas.

Nous arrivons au campement qui se résume à deux grands arbres, une natte au sol et un petit feu de bois. Il y a là une cinquantaine d'hommes armés très affairés autour de plusieurs pick-up. Sur la natte, Karim m'invite à m'asseoir auprès du doyen, entouré par une dizaine d'hommes en uniformes dépareillés. Le doyen lui ne porte pas d'uniforme, mais une longue tunique blanche et un turban. Difficile de lui donner un âge, peut-être quarante ou cinquante ans, en tout cas il est beaucoup plus âgé que tous les autres qui sont de jeunes adultes d'une vingtaine d'années maximum. Pendant plus de deux heures, le doyen m'explique son combat contre le régime de Khartoum qui bombarde et brûle les villages du Darfour pour « voler leur terre ». Les pillages, les massacres, les viols de femmes et d'enfants sont quotidiens dans cette province sud. Ils sont principalement perpétrés par des milices janjaweeds et les troupes gouvernementales soudanaises (même si personne ne s'imagine un instant que les différents groupes rebelles, quels qu'ils soient, puissent être des enfants de chœur).

Les populations des villages détruits sont le plus souvent regroupées dans les camps de déplacés au nord de Nyala, la capitale de la province. Les moins chanceux sont éparpillés dans la brousse, vivant par petits groupes en autarcie complète sur un lopin de terre, loin des pistes fréquentées par les pick-up des forces gouvernementales ou des groupes rebelles. Vivre caché pour survivre, telle est la devise ici.

Les enfants sont nombreux à vivre en petits groupes autonomes et mobiles, et beaucoup d'entre eux sont orphelins, m'assure le doyen. « Il y a eu tellement de morts ces dernières années au Darfour qu'il est impossible de dénombrer les orphelins ! »

Le doyen m'explique également que les ONG ne viennent jamais par ici dans la brousse. Sous des prétextes de « sécurité », les autorités soudanaises n'autorisent pas les ONG à circuler en dehors des camps de déplacés ou en dehors des villes. La grande majorité de la population n'a pas accès à l'aide humanitaire, et, même dans les camps, l'acheminement de l'aide alimentaire est très aléatoire.

J'ai pu effectivement vérifier à Khartoum à quel point il est compliqué d'obtenir des autorisations de circuler. Le régime entrave autant que possible l'action des ONG pour mieux les contrôler mais aussi pour affaiblir la population du Darfour.

J'explique au doyen mon projet de bâtir un camp pour accueillir et protéger les enfants orphelins. L'idée le fait sourire, et il me répond sans détour que soit je n'obtiendrai pas les autorisations nécessaires, soit le camp sera très rapidement bombardé par l'armée soudanaise.

« Si vous voulez vraiment protéger nos enfants, emmenez-les loin d'ici, me dit-il. Emmenez-les avec vous en France pour leur donner une chance de grandir, de recevoir une éducation et surtout pour les protéger des dangers de la brousse, c'est la seule solution. »

Karim met fin à la discussion car il veut absolument regagner la ville avant la nuit . non seulement il y a un couvre-feu, mais l'insécurité grandit avec la nuit.

En près de deux heures de discussion avec le doyen, j'ai une idée très précise de la situation de sa communauté et ma volonté de les aider est décuplée par la vision de tous ces enfants-soldats, tous ces enfants à l'espérance de vie très limitée.

Tout au long de cette journée, nous avons croisé des centaines d'enfants, parfois très jeunes, et la plupart du temps sans adulte aux environs.

Jusqu'à mon retour en France quelques jours plus tard, je me suis repassé le film de cette journée. L'émotion ressentie à chaque enfant croisé reste encore aujourd'hui la base essentielle de ma motivation.

A Khartoum, au-delà des petits embêtements dus aux autorités de police qui n'aiment visiblement pas trop les étrangers qui s'intéressent au Darfour, ce sont surtout les discussions avec les expatriés, pour certains installés depuis plusieurs années au Soudan, qui m'ouvriront les yeux sur l'inefficacité de toute action humanitaire sur le terrain tant que le régime aura la volonté d'éradiquer la population du Darfour.

Chapitre 3

Sauver le Darfour

De retour à Paris le 25 avril, avec en tête une idée très précise de l'action à mener pour venir en aide aux enfants du Darfour, les contacts et les rendez-vous organisés en mon absence par Emilie, chargée des relations avec le réseau des familles, s'enchaînent. Dès la sortie de l'aéroport de Roissy, je la retrouve pour un premier rendez-vous dans Paris avec le président du collectif « Urgence Darfour ». Ce collectif, qui tente de sensibiliser et de mobiliser l'opinion publique en faveur d'une intervention internationale, a une vision très « technocratique » du problème et semble convaincu que l'Onu est la solution.

Comme si l'Onu avait un jour sauvé une population en danger...

J'explique au président de ce collectif mon point de vue sur le drame en cours au Darfour et l'incapacité, autant que le manque de volonté, de la communauté internationale à intervenir pour mettre fin aux massacres des populations civiles et aux crimes contre l'humanité perpétrés par le régime dictatorial de Khartoum. Je lui expose alors mon idée : organiser une opération d'évacuation massive d'enfants orphelins du Darfour vers les pays occidentaux pour leur offrir le droit d'asile conformément à la Déclaration universelle des droits de l'homme ainsi qu'à la convention de Genève de 1951 relative aux droits des réfugiés de guerre. Cette opération permettrait de répondre à un double objectif : mettre des enfants à l'abri des dangers qui les menacent et par la même occasion placer la communauté internationale face à ses responsabilités devant sa passivité à laisser se perpétrer ce génocide.

Nous sommes parfaitement lucides sur le fait qu'évacuer quelques milliers d'enfants du Darfour ne réglera pas le problème de fond et que les menaces qui pèsent sur les six millions de Darfouris ne trouveront une solution que dans la fin de la guerre. L'objectif politique de cette opération est de provoquer un « incident » suffisamment important pour être l'élément déclencheur d'une réaction de la communauté internationale.

Le président du collectif « Urgence Darfour » n'est pas d'accord avec le principe d'une telle opération, pour lui il n'est pas « éthique » d'éloigner ces enfants de leur communauté, le déracinement risque de provoquer un traumatisme. Emilie lui demande en retour s'il est « éthique » de laisser mourir ces enfants depuis cinq ans en continuant de croire à une intervention de l'Onu après pas moins de seize résolutions du Conseil de sécurité toutes aussi stériles les unes que les autres. Il n'a pas de réponse ni de solution alternative à proposer. Il reste convaincu, et l'histoire lui donnera tort, que des casques bleus vont être déployés au Darfour courant 2007 pour mettre fin à la guerre.

Plus tard dans l'après-midi, Emilie et moi rencontrons le président d'un autre collectif, « Sauver le Darfour ». Celui-ci est beaucoup plus réceptif à notre constat et à notre projet. Il nous propose sans hésiter de publier un communiqué de presse conjoint pour lancer l'idée dans les médias. L'annonce est reprise par bon nombre de médias [1] et de sites Internet.

L'organisation d'une opération sans précédent d'évacuation massive d'enfants d'une zone de guerre africaine vers un pays occidental est un défi autant politique que logistique.

Le défi technique et logistique me semble relativement facile à surmonter. Avec une expérience du terrain, une bonne équipe d'intervention, un peu de bon sens et beaucoup d'audace, cette opération est réalisable !

Les deux questions pour lesquelles je n'ai pas encore de réponse fin avril sont, premièrement, que faire de ces enfants et quel avenir leur proposer, et deuxièmement, comment trouver des soutiens politiques à une opération qui a pour ambition de « jeter un pavé dans la mare » de l'inaction de la communauté internationale, ce qui on s'en doute ne va pas plaire à tout le monde...

La réponse à la première question va venir d'Internet. Sur la toile, l'information circule à très grande vitesse et spontanément des familles se portent volontaires pour accueillir des enfants orphelins du Darfour. Les gens qui répondent à notre appel sont tout simplement sensibles au fait que notre projet est concret et actif, a contrario de tous ceux qui attendent désespérément les casques bleus à grand renfort de « y a qu'à, faut qu'on... ».

Dès le 8 mai, nous lançons un nouveau communiqué [2], plus complet, pour mobiliser des familles volontaires, ainsi que pour collecter auprès de nos soutiens des dons pour financer l'opération.

---

1. Voir communiqué de presse en annexe, p. 173.
2. Voir communiqué de presse en annexe, p. 175.

Les réponses ne se font pas attendre et des familles se mobilisent partout en France, dans les Dom-Tom, mais aussi en Belgique, en Suisse, au Canada...

L'idée séduit. Elle agace aussi ! Quelques e-mails d'insultes, et même de menaces. A notre grand étonnement, notre projet provoque un tollé auprès des associations spécialisées dans l'adoption. En effet, ces associations voient dans notre opération de sauvetage et d'évacuation d'enfants orphelins du Darfour une « concurrence déloyale » à leurs activités commerciales. On comprend alors que, sous couvert d'associations caritatives ou d'ONG, l'adoption en France est un véritable « business », parfois très lucratif pour certains OAA (Organismes Agréés pour l'Adoption), et que ces associations sont prêtes à tout pour protéger leur « marché ».

A leur demande, le Quai d'Orsay publie fin mai un premier communiqué sur Internet indiquant que l'opération de L'Arche de Zoé n'est pas conforme à la convention de La Haye de 1993 relative aux procédures d'adoption internationales. Notre surprise est grande et notre réponse sans équivoque : « Notre projet ne porte pas sur l'adoption d'enfants du Darfour dans le cadre de la convention de La Haye, mais concerne le sauvetage d'enfants en danger sur une zone de guerre qui peuvent prétendre au droit d'asile en vertu de la convention de Genève de 1951 ! »

Nous constatons alors que le président du collectif « Urgence Darfour » avait été président d'une grande ONG médicale française, leader de l'adoption internationale en France. De son point de vue il n'est pas « éthique » de déraciner des enfants du Darfour, mais il n'y a plus de problème d'éthique quand on déracine des petits Vietnamiens ou des petits Burkinabés...

Je laisse donc aux grands penseurs ces considérations philosophiques et éthiques, et préfère me consacrer à la réalité, au concret, à l'action. Car voilà déjà cinq ans qu'au Darfour on meurt tous les jours !

L'état d'esprit qui différencie les sapeurs-pompiers des humanitaires, c'est justement l'action et le sens des priorités. Lorsqu'une maison brûle, l'action prioritaire et absolue des sapeurs-pompiers est d'évacuer les occupants et de les mettre à l'abri. Dans un second temps, on circonscrit le sinistre pour éviter sa propagation, puis on attaque le foyer pour éteindre l'incendie. Enfin, une fois la situation maîtrisée, on en recherche les causes, on constate les dégâts et on s'attelle à la paperasse habituelle : rapports, enquêtes, assurances, etc.

Cette logique d'intervention n'est pourtant due qu'au bon sens, protéger les vies puis protéger les biens et empêcher l'extension d'un sinistre. Mais ce « bon sens » n'a visiblement pas sa place dans la logique d'intervention humanitaire ni dans la logique onusienne.

Chapitre 4

Nos engagements

En mai et juin 2007, grâce à la réactivité d'Internet, l'opération prend forme très rapidement. Avec Christophe, chargé de la logistique, j'organise et je prépare la partie technique et logistique de l'opération. Pendant ce temps, Emilie gère les contacts avec les familles volontaires pour constituer un réseau de familles d'accueil.

Courant juin, nous organisons des réunions d'information dans toute la France. Nous rencontrons des centaines de familles à qui nous expliquons notre projet, notre motivation et notre ambition de « secouer le cocotier ». La plupart de ceux que nous rencontrons adhèrent à ce projet beaucoup plus humaniste qu'humanitaire. Toutes les familles d'accueil qui s'engagent à nos côtés sont conscientes des enjeux, des problèmes administratifs et juridiques que cette opération va créer. Si l'opération aboutit, ce sera une petite « révolution » dans le monde diplomatique et dans celui des ONG. Mais cette révolution a un prix. Pour nous, il faudra relever les défis techniques et politiques d'une telle opération, pour les familles ce ne sera que le début d'un long chemin de croix pour faire reconnaître et valoir le droit d'asile de ces enfants venus de l'enfer.

Nous savons qu'il existe des risques sur le terrain d'une telle opération. Entre les rebelles, les Janjaweeds, les forces de sécurité soudanaises, ce ne sont pas les pièges et les ennemis qui manqueront. Entre les ONG et les diplomates non plus.

Lors des réunions avec les familles volontaires, Emilie insiste lourdement sur les risques liés à l'opération, mais en plus elle essaie autant que possible d'ouvrir les yeux des familles sur la délicatesse de leur rôle et la dure réalité qui les attend après l'arrivée des enfants. Complexité des procédures, lenteur administrative, risque de décision arbitraire des autorités françaises, risque de « rejet » par leurs propres familles et par leurs amis. Emilie utilise souvent un langage direct, un langage « cash » comme elle dit. « Accueillir un enfant noir dans une famille blanche n'est pas sans conséquences, et vous allez vous heurter à bon nombre d'a priori... Notre mission sur le terrain est risquée, mais elle ne durera que quelques semaines, vous [les familles d'accueil], vous allez devoir changer de vie ! » Et Emilie leur répète plusieurs fois : « On ne juge personne et on ne force personne à s'engager dans ce projet, si vous devez renoncer ou reculer, faites-le maintenant ! Car après, quand les enfants seront là, il n'est pas question de les abandonner. Ils ont déjà vécu l'enfer du Darfour, alors il est hors de question de les faire souffrir une seconde fois... »

Face à nos propos abrupts et parfaitement clairs, certaines familles d'accueil renoncent, mais très peu. La très grande majorité a saisi et accepté les enjeux et les engagements de chacun. Finalement, sur près de 300 familles rencontrées lors de nos réunions, 260 s'engagent à former le premier réseau de familles d'accueil d'urgence pour les orphelins du Darfour. Ce réseau se concrétisera en juillet 2007 par la création d'une association loi 1901, le COFOD (Collectif des Familles pour les Orphelins du Darfour), qui se donne pour objectif d'accueillir les enfants orphelins du Darfour, de les protéger, d'entamer toutes les démarches juridiques et administratives pour faire valoir leurs droits et leur statut (et notamment le droit d'asile, conformément à la convention de Genève de 1951), ainsi que d'assurer et de favoriser l'entraide au sein du réseau des familles.

Après avoir pris le soin de vérifier auprès de plusieurs avocats la légalité de notre opération par rapport au droit international ainsi que le processus administratif à suivre pour accueillir ces enfants dans les meilleures conditions, nous rédigeons une « Charte d'Engagement[1] » qui définit les rôles de chacun : L'Arche de Zoé qui réalise l'opération sur le terrain, le Cofod qui assurera les procédures administratives et le suivi, et les familles accueillantes qui prendront en charge bénévolement les enfants.

1. Voir document en annexe, p. 182.

Chapitre 5

Le parcours du combattant

Avant le lancement des opérations en septembre, l'été 2007 aura été, on s'en doute, un véritable parcours du combattant pour relever le défi logistique d'une telle opération. Christophe a été d'une aide précieuse, indispensable même. Entre mai et juillet, nous travaillons sans relâche pour organiser l'opération, gérer les achats, préparer le matériel, imaginer et anticiper nos besoins, etc. Deux mois seulement pour résoudre toutes les équations est un véritable challenge, mais nous sommes tellement motivés par cette action que notre énergie semble inépuisable.

Emilie est véritablement harcelée par les familles d'accueil, entre celles qui veulent participer à une de nos réunions d'information et qui ont, par téléphone ou par e-mail, des centaines de questions à nous poser, ou celles qui ont déjà participé aux réunions et qui, aussi impatientes que nous, voudraient que l'opération soit déjà lancée. Les journées sont longues et intenses.

Pendant que Christophe trouve des réponses à toutes mes demandes techniques ou logistiques, et pendant qu'Emilie répond à toutes les sollicitations des familles, je m'attache plus particulièrement à l'aspect politique de l'opération. La politique est un terrain miné, on le sait tous, mais il est incontournable dans le cadre de notre projet car les conséquences ne seront pas neutres. Nous espérons même faire un « tapage médiatique » hors du commun pour qu'enfin les choses bougent et que la communauté internationale, la France en tête, décide de faire cesser les massacres de civils innocents au Darfour.

Notre projet commençant à faire les gros titres des quotidiens régionaux, et l'ensemble des députés et des sénateurs français ayant été informés par e-mail de notre « ambitieux projet », le nom de L'Arche de Zoé commence à circuler et à rebondir dans les couloirs des ministères.

Début juillet, je suis contacté par le conseiller politique du ministre Bernard Kouchner [1], le très médiatique « French Doctor » devenu depuis peu ministre des Affaires étrangères. Bernard Kouchner est à l'origine d'une des plus célèbres ONG médicales, et il a lancé il y a une trentaine d'années un projet de « sauvetage » pour les réfugiés vietnamiens qu'on appelait les « boat-people ». Il s'est ému aux larmes devant les caméras du monde entier lors du génocide du Rwanda qui laissait la communauté internationale indifférente et passive.

Et puis, en qualité de ministre, il s'est engagé à faire du Darfour sa priorité. En juin 2007, il a proposé la création d'un « corridor humanitaire » pour venir en aide à la population martyrisée du Darfour. Même si son projet a fait un flop et a été rejeté par l'ensemble de la communauté internationale, il se montre très sensible à la cause du Darfour.

Pour toutes ces bonnes raisons, le ministre Kouchner me semble l'interlocuteur politique idéal, car qui

---

1. Voir document en annexe, p. 203.

mieux que lui peut comprendre notre motivation et notre détermination à sauver des enfants en danger de mort ? Lui-même, lors de la crise du Biafra, avait déclaré que la vie d'un enfant n'avait pas de prix et qu'il était prêt à troquer des kalachnikovs contre des enfants si c'était la seule façon de les sortir de l'enfer...

C'est donc avec un grand intérêt que je rencontre le conseiller de Bernard Kouchner, le 4 juillet, dans les bureaux feutrés du Quai d'Orsay. Il m'explique qu'il souhaite en savoir plus sur notre projet qui fait tant parler dans les couloirs des ministères et du Parlement, et qu'il veut s'assurer « qu'il n'y a pas de risque pour son ministre »... Je lui explique alors la motivation de notre action ainsi que le mode opératoire envisagé, sans entrer dans les détails bien sûr, car pour moi à cet instant la confidentialité reste notre meilleure protection dans cette mission à hauts risques.

Après m'avoir écouté pendant près d'une heure présenter et argumenter notre projet, il me donne son point de vue. Il trouve le projet « politiquement intéressant » car Bernard Kouchner vient d'essuyer un revers avec son projet de « corridor humanitaire au Darfour » et du coup se retrouve désormais affaibli pour intervenir sur ce sujet. Notre opération va, selon lui, provoquer une vive discussion au sein du Conseil de sécurité de l'Onu, ce qui donnera une opportunité au ministre d'intervenir de nouveau sur le sujet du Darfour. Il souhaite donc savoir si notre opération se déroulera avant ou après l'Assemblée générale des Nations unies, le 19 septembre, mais je me garde bien de lui répondre sur ce point tout en lui assurant que je le tiendrai informé quelques jours avant l'opération afin que le Quai d'Orsay s'organise et que le ministre se rende disponible pour l'événement.

Il me prévient également d'un « risque important » concernant la réaction du Soudan. Le gouvernement soudanais, m'explique-t-il, va crier à l'enlèvement de ses enfants par des Occidentaux et n'hésitera pas au besoin à trouver des familles, quitte à les payer, pour venir pleurer devant les caméras de télévision que « les Blancs ont volé leurs enfants ». Le Soudan tentera sûrement de coaliser les pays d'Afrique, et plus généralement les pays du Sud, pour s'insurger de ce néocolonialisme ou de l'impérialisme occidental. Je lui explique que nous avons déjà tenu compte de cette éventualité et que, pour parer aux réactions politiques du gouvernement génocidaire de Khartoum, nous avons justement prévu de faire suivre l'opération dans son intégralité par des journalistes afin de montrer et de démontrer, si besoin, le triste sort réservé à ces enfants si on ne leur vient pas en aide. Quant à provoquer une crise internationale et donner à Bernard Kouchner l'opportunité d'intervenir de nouveau auprès de la communauté internationale pour faire cesser les massacres au Darfour, c'est justement un des objectifs majeurs de notre opération !

Le conseiller de Bernard Kouchner conclut notre entretien en m'expliquant qu'il ne s'opposera pas à notre projet, mais qu'il ne pourra pas non plus le soutenir ouvertement car cela le placerait dans une position politique embarrassante de « commanditaire ». Mais il m'assure d'une « passivité bienveillante » du Quai d'Orsay qui nous permettra d'agir à notre guise. Ultime mise en garde de sa part : « Attention, si votre opération échoue, n'espérez aucun soutien politique, ils seront nombreux au contraire à vous enfoncer ! » Cela ressemble à une phrase légendaire de la série « Mission impossible » : « Si jamais vous ou l'un de vos agents était pris, l'Etat niera avoir eu connaissance de vos agissements... » C'est bien noté !

A la mi-juillet, *via* le contact d'une de nos familles d'accueil, je suis invité à dîner chez un attaché parlementaire, très intéressé par notre projet, qui souhaite me mettre en relation directe avec un conseiller de l'Elysée. On ne pouvait espérer mieux.

Lors de ce dîner organisé chez lui, l'attaché parlementaire me présente ce conseiller de l'Elysée qui est l'assistant de Catherine Pégard, l'une des plus proches conseillères du président de la République. Comme chaque fois, je présente le projet, je réponds aux questions, j'argumente quand c'est nécessaire… J'avais même pris soin de lui préparer un dossier de présentation sur L'Arche de Zoé et sur notre projet d'« opération Darfour ». Après plusieurs heures d'un débat animé, le conseiller de l'Elysée est convaincu à la fois du bien-fondé de notre action, de notre motivation et de notre capacité à réaliser cette opération hors du commun.

Je lui relate l'entretien que j'ai eu au Quai d'Orsay avec le conseiller de Bernard Kouchner, sa réaction est instantanée : « Ah non, on ne va pas laisser ce gauchiste de Kouchner récupérer les lauriers d'une telle opération, il faut mettre Cécilia Sarkozy sur le devant de la scène ! » La présence de Cécilia Sarkozy à l'arrivée des enfants sur le sol français serait un atout politique majeur qui ne pourrait que faciliter l'accueil et la régularisation administrative de la situation de ces enfants demandeurs d'asile, tout en augmentant la médiatisation de l'opération. A l'époque, Cécilia surfe sur la vague positive du « coup » réussi avec les infirmières bulgares et déclare à qui veut bien l'entendre qu'elle souhaite s'investir dans l'action humanitaire auprès des enfants, ça tombe à pic.

Le conseiller de l'Elysée prend donc sur lui de faire passer le dossier accompagné d'un mémo personnel à Cécilia Sarkozy, *via* Catherine Pégard qui ne manquera pas, compte tenu de sa position à l'Elysée, d'en informer directement le président. Je n'aurai malheureusement pas l'occasion de rencontrer directement Catherine Pégard ou Cécilia Sarkozy, mais le conseiller me confirme début août que « le dossier est bien arrivé » !

Fin juillet, la secrétaire d'Etat aux Droits de l'homme, Rama Yade, s'invite dans notre projet. Dans la droite ligne de la Mission pour l'Adoption Internationale (MAI), subissant visiblement les pressions des lobbies de l'adoption et des ONG, Rama Yade déclare dans la presse que le projet humanitaire de L'Arche de Zoé viole les règles en matière d'adoption internationale. Je prends aussitôt rendez-vous, pour le lendemain même, avec la chef de cabinet de Rama Yade. Au cours de cet entretien, plutôt tendu à cause des déclarations de Rama Yade la veille, la chef de cabinet m'interroge, pour ne pas dire « exige des explications », sur notre projet, dans une conception de la relation humaine comme on n'en trouve plus aujourd'hui que dans les ministères et dans les ambassades... Elle m'explique que, d'une part, Rama Yade a eu la veille une réunion avec les « plus éminentes organisations humanitaires » et que la situation au Darfour n'est absolument pas aussi dramatique que voudraient le faire croire certains médias, et que d'autre part notre opération n'est pas conforme à la convention de La Haye sur l'adoption internationale. Je tente alors de lui expliquer qu'au-delà de mes propres constatations sur le terrain en avril dernier, il existe suffisamment de résolutions des Nations unies et de rapports d'experts internationaux éloquents et alarmistes sur les atrocités commises à l'encontre des populations civiles du Darfour, qui sont victimes sans conteste de crimes de guerre et de crimes contre l'humanité perpétrés par le régime de Khartoum. Il y a un décalage évident entre les propos rassurants des « éminentes organisations humanitaires » de la veille, dont des agences onusiennes, et les résolutions du Conseil de sécurité de l'Onu qui prévoient, depuis des lustres, le déploiement de casques bleus pour protéger, enfin, les populations civiles après cinq années de massacres.

Je précise également, comme je l'ai déjà fait deux mois plus tôt, que notre projet d'opération de sauvetage d'enfants du Darfour est conforme à la Déclaration universelle des droits de l'homme ainsi que celle des droits de l'enfant, et surtout conforme à la convention de Genève de 1951 sur le droit d'asile des victimes de guerre. Notre opération n'a pas pour but l'adoption, comme voudraient le faire croire certaines ONG/OAA, mais vise le sauvetage d'enfants en danger. Nous intervenons donc dans le cadre de la convention de Genève de 1951 et non pas dans le cadre de la convention de La Haye de 1993.

J'aurais imaginé que le secrétariat d'Etat aux Droits de l'homme serait plus sensible à la détresse de la population darfourie qu'aux intérêts des lobbies de l'adoption. Erreur ! Pour preuve, fin juillet 2007, trois mois après sa nomination, les seules déclarations de la secrétaire d'Etat aux Droits de l'homme concernant le Darfour sont celles qui fustigent L'Arche de Zoé, par trois fois. Pas une seule déclaration concernant les crimes contre l'humanité perpétrés au Darfour et dénoncés par tous les experts.

Constatant le « dialogue de sourds » avec la chef de cabinet de Rama Yade, pour le moins hautaine, je coupe court à l'entretien après une trentaine de minutes. Emilie, qui m'attendait à l'extérieur, n'est pas surprise de me voir ressortir si tôt, pas plus que de la tournure de l'entretien, « on va déranger beaucoup de monde avec notre opération, alors il faut s'attendre à des réactions hostiles de ce genre »...

Par principe, j'informe mon contact élyséen de l'entretien que je viens d'avoir au Quai d'Orsay. Il me fera savoir deux jours plus tard que « Rama Yade s'est fait remettre en place par Catherine Pégard qui lui a clairement dit que le dossier Arche de Zoé était suivi par l'Elysée et que le secrétariat d'Etat aux Droits de l'homme n'avait pas à intervenir sur ce dossier ».

Un conflit d'intérêt semble naître entre l'Elysée et le Quai d'Orsay. L'« affaire » de L'Arche de Zoé ne fait que commencer !

Alors que le 4 juillet, le conseiller de Bernard Kouchner voit plutôt une opportunité dans notre projet, et avant le rendez-vous du 31 juillet avec la chef de cabinet de Rama Yade, celle-ci a, dès le 9 juillet, saisi la brigade des mineurs de Paris pour « exercice illicite de l'activité d'intermédiaire en adoption ». Chose que la chef de cabinet de Rama Yade s'est bien gardée de me dire lors de notre rencontre du 31. Début août, je suis donc convoqué par la brigade des mineurs et réponds, pendant près de quatre heures, à toutes leurs questions. Le commandant conclura notre entrevue en m'indiquant qu'il avait bien compris les motivations de notre opération, et que, étant par sa position amené à combattre les trafics d'enfants, car malheureusement ils existent, il a vite vu, étant donné son expérience, que nous n'avions pas le « profil » de délinquants ou de trafiquants. Il s'excuse presque de devoir enquêter sur nous de cette manière mais m'explique que la demande vient du Quai d'Orsay et qu'il est donc obligé de rendre un rapport complet.

On en restera là. Pour moi, les rendez-vous s'enchaînent car le début des opérations se rapproche et le planning est serré !

Pour compléter les démarches « politiques » nécessaires pour notre opération, nous prenons également quelques précautions d'ordre juridique. Nous avons bien sûr au préalable consulté plusieurs avocats pour nous assurer de la légalité de notre opération mais je souhaite aller plus loin. Par le biais d'un ancien journaliste, proche de la ministre de la Justice, nous adressons un dossier d'information complet de notre action à Rachida Dati, pour l'informer mais aussi et surtout pour l'inviter à nous rejoindre le jour de l'arrivée des enfants du Darfour afin de les soutenir et, par sa seule présence, faciliter et accélérer les procédures administratives qui nous attendent. L'a-t-elle reçu [1] ?

Nous avons depuis longtemps imaginé que l'arrivée se déroulerait sur l'aéroport de Reims-Vatry, un aéroport que je connais pour y avoir embarqué dans un avion de fret humanitaire en 2006, après le tremblement de terre de Yogyakarta en Indonésie. C'est un aéroport assez moderne, principalement centré sur des activités de fret, qui dispose néanmoins d'une aérogare « passagers » qui reçoit de temps à autre des vols commerciaux charters. L'endroit est idéal pour notre opération, facile d'accès et loin de l'agitation d'un aéroport comme Roissy.

Prévoyant donc l'arrivée des enfants dans la région de Reims, Sophie et Rachel, membres de deux familles d'accueil, multiplient les contacts avec les autorités locales. C'est ainsi qu'elles rencontrent le service de l'Aide sociale à l'Enfance du Conseil général de la Marne qui se montre favorable au projet et réactif par rapport aux besoins futurs, à l'arrivée des enfants. Elles rencontrent également plusieurs magistrats, dont le juge pour enfants de Reims qui aura la responsabilité juridique de désigner les familles d'accueil provisoires pour les orphelins demandeurs d'asile. Tous les échos sur notre projet de sauvetage des orphelins du Darfour sont positifs. La situation à l'arrivée sera complexe car inédite, mais tout le monde semble disposé à faire le nécessaire, chacun à son niveau, pour faciliter l'arrivée et l'accueil de ces enfants.

---

1. Voir document en annexe, p. 204.

Chapitre 6

Se jeter à l'eau

Le mois d'août est un tournant crucial dans l'organisation de l'opération. La stratégie est définie, le plan technique et logistique est prêt, le réseau des familles d'accueil est suffisamment étoffé pour lancer une première évacuation, les connexions politiques sont établies. Il reste donc à entrer concrètement dans la phase préparatoire à la mission : la reconnaissance sur le terrain.

Je pars au Tchad, en compagnie d'Emilie et de Christophe, pour effectuer les reconnaissances nécessaires à l'est, à la frontière soudanaise. Ce choix du Tchad n'est bien sûr pas un hasard. Nous aurions pu choisir la Centrafrique ou la Libye qui sont aussi frontalières avec le Soudan, mais le Tchad a la particularité d'être un « protectorat » français avec un fort dispositif de l'armée française. Du point de vue de la sécurité de l'opération, c'est un atout non négligeable.

Arrivés à N'Djamena, la capitale, notre premier objectif consiste à obtenir toutes les autorisations nécessaires pour mener notre opération. Evidemment, après le tapage médiatique en France à propos de notre opération d'évacuation d'orphelins du Darfour, tapage qui a eu des échos jusqu'au Tchad et au Soudan si on en juge par certains communiqués d'ONG ou de l'Unicef, j'ai pris l'option de ne pas nous présenter au Tchad sous le nom de L'Arche de Zoé mais sous celui de CHILDREN RESCUE, nouveau nom de baptême de notre ONG, afin de ne pas nous attirer bêtement les foudres des services de sécurité soudanais.

Grâce à un très bon intermédiaire local, Hassan, nous obtenons dès le premier jour toutes les autorisations administratives nécessaires pour la mission CHILDREN RESCUE : l'autorisation de circuler à l'est du Tchad délivrée par le ministère de l'Intérieur, l'autorisation de filmer et de photographier délivrée par le ministère de la Communication. Le contact est également pris avec le ministère du Plan chargé de définir les conventions de travail avec les ONG.

Curieusement, chaque jour qui passe, nous rencontrons chaque fois la bonne personne au bon moment pour accélérer nos démarches. La chance sourit aux audacieux, comme on dit. Nous rencontrons par ailleurs le patron d'une des rares compagnies aériennes privées de N'Djamena. Même si nous nous méfions de ce Français et de toutes ses connaissances qui semblent plus ou moins liées aux services de renseignements et d'espionnage comme la DGSE, sa compagnie dispose de petits avions de brousse capables de se poser n'importe où, et cela pourrait nous être utile. Malgré notre méfiance, sans doute réciproque, nous obtenons de lui les informations dont nous avons besoin pour notre mission, il nous donne même un contact direct avec un de ses pilotes en poste à Abéché, la grande ville à l'est du Tchad qui est justement notre prochaine destination.

En seulement quarante-huit heures à N'Djamena, nous avons obtenu toutes les autorisations ministérielles nécessaires pour notre mission à l'est du Tchad, et disposons de toutes les informations techniques dont nous avions besoin. Un excellent contact entre Emilie et l'attaché de défense de l'ambassade de France nous permet d'organiser notre voyage en Transall, l'avion-cargo de l'armée française qui relie régulièrement N'Djamena à Abéché.

Ce premier voyage en Transall de l'armée française nous amène au cœur du dispositif militaire français déployé au Tchad. Notre départ, prévu initialement à 5 heures du matin, est reporté d'heure en heure à cause de pannes successives. A 9 heures, le commandant de l'escadron décide de nous faire partir sur un deuxième avion car les pannes sur le premier sont trop nombreuses. Le temps de transborder tout le matériel dans le deuxième appareil, et nous voilà prêts à décoller, il est 10 h 30. Manque de chance (!), le deuxième appareil fait également des siennes et une fuite de carburant au niveau d'une aile oblige le commandant de bord à annuler le décollage. Nous sommes alors contraints d'attendre un troisième appareil qui doit arriver en provenance du Cameroun voisin en début d'après-midi et qui nous permettra, peut-être, de rejoindre Abéché avant la nuit. A 15 heures, nous apprenons que le Transall n° 3 est bloqué en raison d'une panne mécanique ! Ce sera finalement l'avion n° 1, réparé entre-temps, qui nous amènera à Abéché juste avant la tombée du jour.

Cette dizaine d'heures à patienter sur le tarmac de N'Djamena n'est pas du temps perdu, bien au contraire. En fait, nous passons notre journée en compagnie des militaires français, des mécaniciens, des personnels au sol, des personnels navigants, des pilotes... Et toutes ces heures de discussions sont très instructives pour les néophytes que nous sommes sur les activités réelles de l'armée française ici, au cœur de l'Afrique.

D'histoires vécues en anecdotes, les militaires nous content leurs aventures et leurs missions, parfois passionnantes, souvent répétitives et rébarbatives. Ils nous expliquent leur perception de l'engagement de l'armée française, ici au Tchad et dans les pays voisins. En plus des missions de logistique pour l'armée française déployée sur trois bases au Tchad (N'Djamena, Abéché et Faya-Largeau), ils effectuent des missions de ravitaillement ou de reconnaissance pour l'armée tchadienne. Fin 2006, les avions de chasse français sont même intervenus directement pour bombarder une colonne de rebelles tchadiens qui faisait route vers la capitale pour renverser Idriss Déby. En théorie, je devrais dire le « président de la république du Tchad » puisque officiellement le Tchad est un État démocratique et son président y a été élu par deux fois. En réalité, tout le monde sait que le président est arrivé au pouvoir par un coup d'État militaire, appuyé par la France, et qu'il se maintient au pouvoir par la force (et toujours l'aide militaire de la France), en simulant de temps en temps des élections démocratiques afin de faire bonne figure auprès de la communauté internationale. Avec moins de 10 % des suffrages de sa population, mais avec le contrôle militaire, il est considéré comme un président « légitime », alors que dans d'autres pays on n'hésite pas à appeler « dictateurs » des gouvernants appuyés par la grande majorité de leur population. Tout cela ne dépend, au final, que du bon vouloir des grandes puissances, notamment les cinq membres permanents du Conseil de sécurité de l'Onu (France, Grande-Bretagne, Etats-Unis, Russie et Chine), qui décernent l'appellation « dictateur » ou « président légitime » en fonction de leurs intérêts (économiques, politiques, militaires) et de leur emprise sur la situation du pays.

C'est ainsi, par exemple, que le Soudan, grâce à ses relations commerciales avec la Chine, n'est pas reconnu, malgré les faits, comme une dictature, et que son président est reçu en France avec les honneurs d'un chef d'Etat malgré vingt-cinq ans de résolutions onusiennes qui dénoncent les pires crimes de guerre et les pires crimes contre l'humanité...

De même, la version officielle veut que le Tchad soit une république démocratique, soutenue militairement par la France en vertu d'accords de coopération signés en 1976. Sans doute faut-il préciser qu'en 1976, ces accords avaient été conclus avec le dictateur précédent, lui aussi mis en place par la France.

Qu'importe, le Tchad est ce qu'il est, les « magouilles » politico-militaires sont ce qu'elles sont, ce qui m'importe à ce moment précis, c'est que l'est du Tchad est frontalier avec le Darfour, et que ce pays « sous protection française » est la meilleure zone d'implantation pour notre opération CHILDREN RESCUE, pour approcher au plus près de la frontière et permettre l'évacuation d'enfants orphelins du Darfour sans avoir besoin de mettre les pieds au Soudan, car il n'est pas question que j'expose mon équipe aux risques que j'ai pris en avril dernier. Nous organisons cette mission pour « sauver » et non pas pour « périr ».

Parmi les informations glanées auprès des militaires français, certaines font frémir, pour ne pas dire « bondir » quand je repense à la réaction d'Emilie. Nous savions que les avions-cargos de l'armée française servent occasionnellement à transporter du fret ou des personnels humanitaires (comme nous), ou à transporter des armes ou des munitions pour l'armée gouvernementale tchadienne en vertu des fameux accords de coopération. Ce qui est beaucoup plus surprenant, c'est que parfois les avions français serviraient, selon ces militaires, à livrer les groupes rebelles ! Que ce soit les rebelles soudanais qui se cachent au Tchad, ou à l'inverse les rebelles tchadiens qui se cachent à l'ouest du Darfour.

Si ce témoignage est vrai, c'est la parfaite illustration de la nébuleuse « Françafrique » qui se cache derrière les relations officielles entre la France et certains pays d'Afrique pour approvisionner de toutes les façons tous les belligérants de la région.

Dans la lumière, la France vote les résolutions du Conseil de sécurité de l'Onu qui condamnent les exactions commises au Darfour. Elle verse également quelques subventions aux ONG et aux agences onusiennes (principalement le Pam et l'Unicef) qui interviennent au Darfour. Voilà pour la poudre aux yeux !

Plus officieusement, la France évite soigneusement toute confrontation directe avec le Soudan, pour deux raisons principales. La première est liée aux activités de grandes entreprises françaises installées à Khartoum, car le Soudan est en plein essor et il serait dommage que nos entreprises du CAC 40 ne profitent pas du gâteau. La seconde concerne le premier partenaire commercial du Soudan, la Chine. Compte tenu du formidable essor de ce pays-continent et des non moins formidables enjeux économiques pour les grandes entreprises françaises, la France n'ira pas au-delà des stériles résolutions onusiennes afin d'éviter tout conflit avec le Soudan qui risquerait de mettre en péril les bonnes relations commerciales avec la Chine.

En milieu d'après-midi, nous embarquons finalement, pour la quatrième fois de la journée, dans un avion Transall qui arrivera cette fois-ci à décoller pour nous déposer 1 h 45 plus tard à Abéché.

Sur place, nous multiplions les contacts et recherchons la moindre information utile à notre mission. Nous n'avons qu'une semaine pour boucler notre programme et préparer le déploiement de notre opération CHILDREN RESCUE. Nos premiers contacts sont les bons, ils seront déterminants.

François-Xavier tout d'abord, le pilote de la petite compagnie aérienne dont nous avions rencontré le patron à N'Djamena. Ce jeune Belge de vingt-quatre ans est installé à Abéché depuis plusieurs mois et nous introduit très rapidement dans la petite « communauté » des expatriés français à Abéché pour le compte d'ONG ou d'agences onusiennes. Les rencontres et les discussions s'enchaînent et nous permettent d'évaluer les « forces en présence » et les partenariats que nous allons pouvoir envisager.

L'officier sécurité du Pam nous fait un briefing sécurité sur la région est du Tchad, frontalière avec le Darfour. Ce Français, ancien gendarme, connaît très bien la région pour y être installé depuis deux ans. Le HCR nous donne les cartes régionales avec les positions des camps de réfugiés soudanais et des populations déplacées. Ils pourront nous procurer le matériel dont nous aurons besoin pour l'opération : tentes, groupes électrogènes, matériel de radiocommunication, etc. Plusieurs ONG nous donneront le reste des informations nécessaires. L'OMS et Médecins sans frontières pourront également nous fournir en matériel médical selon nos besoins, et l'Unicef nous approvisionnera en aliments de renutrition pour enfants.

Fadoul, un jeune du pays, dix-huit ans tout juste, qui nous est présenté par François-Xavier, se révèle être un guide très précieux. Il connaît Abéché comme sa poche et trouve en un éclair tout ce dont nous avons besoin. Il nous met en relation avec des loueurs de voitures qui fourniront les véhicules de la mission, il nous trouve deux grandes maisons à louer, ce qui nous permettra, dans un temps record, d'organiser et d'installer notre base CHILDREN RESCUE à Abéché.

En moins d'une journée, il nous ouvre les bonnes portes chez le gouverneur, chez le préfet et chez le chef de la police pour faire valider nos documents administratifs, passeports, autorisations de circuler et de filmer pour implanter la mission, etc. Il nous présente aussi un directeur de banque, ce qui nous permet d'ouvrir un compte dans la journée.

Pas de doute, la chance nous accompagne et nous fait régulièrement des clins d'œil. Plusieurs fois nous en discutons tous les trois, Emilie, Christophe et moi, mais Emilie me rappelle chaque fois que ce n'est pas de la chance, que cette « providence » est naturelle parce que nous savons exactement ce que nous cherchons et à quelle porte frapper pour le trouver. Cela ne s'appelle pas de la chance mais de la compétence, tout simplement.

Après avoir résolu toutes les questions techniques et logistiques, en moins de trois jours, notre prochaine destination est Adré, la ville frontalière entre le Tchad et la province ouest du Darfour. C'est là notre destination « stratégique », car c'est à partir de ce point avec la frontière du Soudan que nous allons pouvoir approcher la communauté darfourie.

Nous décidons de nous rendre à Adré par la route, ou plutôt ce que l'on appelle une « piste africaine », car par ici le bitume on ne connaît pas, il faut un véritable 4 × 4 pour passer les bourbiers et les bancs de sable, aucune voiture traditionnelle ne pourrait parcourir les 170 kilomètres de pistes qui séparent Adré d'Abéché.

Christophe et moi sommes des passionnés de 4 × 4, nous avons effectué ensemble plusieurs raids 4 × 4 dans le désert marocain et de multiples randonnées en France. Cette expédition sur la piste d'Adré, qui serait sans doute pour des novices une « galère », se présente pour nous comme une partie de plaisir, ou disons quelques heures de récréation dans une semaine de travail pour le moins intense. La première heure de piste répond complètement à nos attentes... jusqu'au premier « ouadi ». C'est le nom donné aux rivières en crue pendant cette saison des pluies. Ces rivières au lit de sable, de 50 à 100 mètres de large, sont complètement sèches une bonne partie de l'année, mais en cette saison, au gré des averses torrentielles, elles se transforment en quelques minutes en torrents d'eau boueuse pouvant atteindre jusqu'à deux mètres de profondeur. Autant dire que là, même avec un bon 4 × 4, l'aventure se complique sérieusement. Et des ouadi majeurs, il y en a cinq entre Abéché et Adré.

Le premier, situé à une heure de piste d'Abéché, nous donne un avant-goût. Plus de 50 mètres de large, 60 à 80 centimètres d'eau, un sol mouvant jalonné de trous et de grosses pierres immergées pouvant être de redoutables pièges pour le 4 × 4. La « coutume locale » veut que nous sollicitions la population, massée sur les rives du ouadi, comme « assurance » de passage. Une cinquantaine de personnes traversent le ouadi à pied pour montrer le chemin à suivre par le 4 × 4, et surtout, en cas de plantage au milieu du gué, toutes ces paires de bras pousseront et tireront le véhicule pour ne pas le laisser « manger » par la rivière en furie. Trente mètres en contrebas de notre passage, un gros camion couché sur le côté et à moitié immergé nous indique clairement qu'il ne faut pas « jouer » avec la rivière, le danger est bien réel.

Comme le veut la coutume, nous négocions le prix du passage avec les locaux. Cela nous coûtera quinze mille francs CFA (environ vingt-trois euros) pour un passage sans encombre, et il faudra payer le double en cas de plantage du véhicule au milieu de la rivière qui obligerait les « guides » à pousser le 4 × 4 pour le sortir du torrent. Après quelques minutes de palabres, c'est parti ! Et ça passe, sans embûche. Une belle balade en 4 × 4 avec un peu de piment !

Trois quarts d'heure plus tard, nous nous présentons à l'entrée du deuxième ouadi. Un peu moins large mais un peu plus profond que le premier. Même cérémonial avec les locaux, même montée d'adrénaline au moment de franchir le gué, mais une fois encore, ça passe !

L'arrivée au troisième ouadi est une tout autre affaire. Les choses se présentent mal. Le ouadi mesure près de 100 mètres de large, environ 50 à 60 centimètres d'eau sur toute la largeur, mais le plus problématique c'est, à l'entrée, une fosse de 1,50 à 1,80 mètre de profondeur sur une dizaine de mètres de long. Avec Christophe, nous descendons à pied au bord du ouadi et notre expérience du 4 × 4 nous fait dire sans hésitation : « Là, ça ne passe pas ! »

Les locaux, qui tiennent à leur « droit de passage », tentent de nous rassurer et de nous inciter à passer. « Vous n'avez rien à craindre, ça passe, et puis en cas de problème on sera là pour pousser... »

L'expérience peut être amusante pour les passionnés de 4 × 4 que nous sommes, mais noyer le véhicule dans 1,80 mètre de boue avec toutes nos affaires et notre matériel à l'intérieur ne m'amuse guère. Nous réfléchissons, scrutons méticuleusement les pièges du ouadi, et le temps passe. Rapidement, d'autres véhicules se présentent pour traverser, sur les deux rives d'ailleurs. De notre côté, deux véhicules transportant des familles, et sur l'autre rive trois véhicules 4 × 4 d'ONG ainsi que trois véhicules 4 × 4 pick-up de l'armée tchadienne.

Toujours dubitatifs sur la possibilité pour un 4 × 4 de traverser cette fosse sans encombre, nous laissons bien volontiers la place aux autres véhicules qui veulent tenter l'expérience. C'est un des pick-up militaires qui s'élance à vive allure depuis l'autre rive, droit vers nous. Les 80 premiers mètres dans 50 centimètres d'eau se passent bien, avec de magnifiques gerbes de boue qui s'envolent des deux côtés du véhicule, mais fatalement, à 10 mètres de la rive, le pick-up tombe dans la fosse et, compte tenu de sa vitesse excessive, se plante le nez en premier. Les occupants du pick-up, des militaires tchadiens, deux sur le toit et quatre dans la benne, sont littéralement éjectés avec leurs armes, munitions et matériel. Les kalachnikovs et les roquettes s'envolent pour retomber quelques mètres plus loin dans le lit de boue. La scène est surréaliste. Le conducteur et le passager sont eux prisonniers dans la cabine et l'eau boueuse s'engouffre à l'intérieur pour ne bientôt laisser apparaître que les deux têtes. C'est ce qui s'appelle « être dans les ennuis jusqu'au cou » !

Aussitôt, les aficionados locaux se jettent à l'eau pour pousser le véhicule. Une trentaine de « gros bras » s'affairent à pousser, tirer, soulever le véhicule pour le sortir de là. Mais rien n'y fait, il est bel et bien « planté » au milieu de la fosse. En bons samaritains que nous sommes, nous décidons de leur prêter main-forte et de les tracter avec un câble métallique accroché à notre 4 × 4. Avec Christophe, cela nous rappelle nos randonnées dans les bourbiers du Morvan, les kalachnikovs en plus. Le pick-up est « ruiné » de boue jusqu'au toit, le moteur est plein d'eau et les occupants boueux de la tête aux pieds. Il faudra plusieurs heures de nettoyage et de mécanique pour effacer les stigmates de ce passage en force dans un ouadi déchaîné.

Nous nous en doutions, mais c'est maintenant confirmé : ça ne passe pas !

A notre grande surprise, un deuxième pick-up s'élance à son tour de l'autre rive. Même vitesse, même passage en force, mêmes gerbes d'eau, mais aussi même fosse et même punition ! Pour la deuxième fois en moins d'une heure, on assiste au spectacle des militaires, des armes et des nombreuses roquettes qui s'envolent pour faire « floc » dans la boue. Pour la deuxième fois, nous tractons le véhicule pour le sortir du torrent de boue.

Les autochtones s'amusent plutôt de ce spectacle. Comme si deux expériences malheureuses ne suffisaient pas, un 4 × 4 familial stationné de notre côté décide de tenter la traversée. Il se jette dans le ouadi et donc en premier dans la fosse. Le 4 × 4 est bloqué, fatalement. Les dix occupants voient l'eau monter rapidement à l'intérieur du véhicule, deux bébés sont extraits *in extremis* par les fenêtres, puis vient le tour des femmes d'être évacuées par les fenêtres pour être récupérées dans l'eau par les « guides locaux » qui mettront plus d'une heure à sortir le véhicule du ouadi...

Après ces quelques heures surréalistes de spectacle, de stupeur, de sueurs froides, d'incompréhension parfois, et peut-être même, diront certains, de manque de respect pour le matériel... nous décidons de ne pas franchir le ouadi et de rebrousser chemin vers Abéché. Il nous a fallu deux heures, et deux ouadi à traverser dans l'autre sens, pour regagner Abéché, tout juste à la tombée de la nuit.

Cette folle journée ne nous aura pas permis d'atteindre Adré, mais elle aura été riche d'enseignements sur l'organisation de la logistique dans cette région. Une expérience essentielle. Car bien évidemment, il n'est pas envisageable pour nous de transporter les enfants du Darfour d'Adré vers Abéché dans des conditions aussi dangereuses et traumatisantes.

Le soir même, nous retrouvons François-Xavier, le pilote belge, et nous négocions avec lui qu'il nous emmène, Emilie, Christophe et moi, demain à Adré avec son petit avion de brousse.

Ce sera chose faite dès l'aube. Quarante minutes de vol, au lieu de quatre à huit heures de pistes piégeuses, et nous voici posés sur la petite piste en herbe d'Adré. Après trente bonnes minutes de marche à pied, sac au dos, sous un soleil de plomb, nous arrivons au poste militaire qui marque l'entrée de la ville. Après un rapide contrôle de nos passeports et de nos autorisations de circuler, les militaires nous conduisent, en pick-up, chez le préfet.

Nouveau coup de chance ? Le préfet est justement en réunion avec le maire, plusieurs chefs de quartier ainsi que le commandant du détachement militaire. L'occasion parfaite de faire connaissance avec le « gratin » local, faire valider nos autorisations administratives, et surtout présenter notre projet de création à Adré d'un centre d'accueil pour les enfants orphelins du Darfour.

Le préfet, comme le HCR nous l'avait fait remarquer à Abéché, nous sensibilise à la nécessité de venir aussi en aide aux populations tchadiennes en situation de vulnérabilité. Il nous fait comprendre à demimots qu'il verrait d'un mauvais œil que nous aidions les enfants du Darfour sans aider aussi les enfants tchadiens nécessiteux. Par diplomatie, nous lui expliquons que CHILDREN RESCUE a pour vocation de venir en aide à tous les enfants, qu'ils soient soudanais ou tchadiens, mais que pour des raisons évidentes de priorité nous allons accueillir les orphelins du Darfour en premier avant d'ouvrir nos portes ultérieurement aux enfants tchadiens qui seront accueillis aussi en fonction du nombre de places disponibles. Il faut préciser qu'à Adré, ville frontière avec le Soudan de 4 000 habitants, les besoins sont énormes. Seule l'ONG Médecins sans frontières-Suisse est présente, toutes les autres ONG et agences onusiennes ont déserté la région, réputée trop instable et trop dangereuse, elles ont préféré s'installer à Abéché ou à proximité des camps de réfugiés soudanais, à mi-chemin entre Adré et Abéché.

Adré est un point sensible de la frontière, un point « chaud », souvent la cible d'attaques rebelles, et un des principaux points de passage des réfugiés soudanais qui fuient l'enfer du Darfour. Voilà ce qui s'appelle « être en première ligne » et c'est pour cela que nous installerons notre base à Adré même.

Après les formalités d'usage chez le préfet, nous passons par le bureau de la police, puis celui de l'immigration et enfin celui de la sûreté du territoire. Que de démarches et de palabres... Mais tout est bouclé en une seule journée, que demander de mieux ? La même chose au Soudan aurait pris des mois ! Certaines ONG, après plusieurs années de démarches, ne sont toujours pas opérationnelles au Darfour...

Il nous faut à présent trouver un contact local pour commencer à former notre équipe, et surtout trouver un terrain ou un local pour installer notre base. Emilie, championne hors catégorie du contact facile, repère un certain Mahmoud qui sera notre contact local, comme Fadoul à Abéché ou Hassan à N'Djamena. Le coordinateur à tout faire, celui qui trouve tout en un minimum de temps avec un maximum d'efficacité.

Pour installer la base CHILDREN RESCUE à Adré, nous avons deux options, les anciens locaux du HCR, une grande bâtisse avec un terrain entièrement clos de murs, ou un terrain nu légèrement plus grand mais également clos de mur. Dans les deux cas, quelques tentes et quelques aménagements seront nécessaires. Mais l'heure n'est pas au choix définitif, il n'y a pas urgence puisque de toute façon nous sommes les seuls « clients » des environs.

Nous rendons visite à Médecins sans frontières-Suisse qui nous montre son « hôpital », seule structure humanitaire à 50 kilomètres à la ronde. L'équipe de MSF-Suisse est très sympathique et accueillante, et voit plutôt d'un bon œil l'arrivée d'une autre ONG pour mettre fin à son « isolement ». En cas de besoin d'ordre médical, nous pourrons compter sur son aide. Réciproquement, si nous pouvons lui rendre service, ce sera avec plaisir...

A peine le temps de dire « ouf », le chrono tourne et le calendrier défile, voilà trois jours que nous sommes à Adré et il faut déjà songer à rentrer à Abéché. Selon nos informations, les ouadi se sont calmés depuis deux jours et nous devrions pouvoir regagner Abéché par la piste. Ce sera une bonne occasion, puisque c'est sur notre chemin, de visiter les camps de réfugiés soudanais de Ferchana et de Gaga.

Nous voici donc en 4 × 4 sur la piste Adré-Abéché, le premier ouadi passe facilement, le second aussi. Nos informations étaient bonnes, heureusement. La nuit va bientôt tomber et comme dans cette région il est très dangereux de circuler la nuit à cause des brigands, que l'on appelle ici les « coupeurs de route », nous passerons la fin d'après-midi au camp de Ferchana et nous nous inviterons pour la nuit à la base du HCR.

La visite de Ferchana est également un moment clé de notre mission de reconnaissance. Avant d'arriver au camp de réfugiés, nous traversons le village. Nous nous arrêtons quelques instants pour acheter des boissons fraîches, les occasions sont si rares et les journées si chaudes !

Durant cette brève escale, Mahmoud croise un de ses cousins, quelques minutes pour dire bonjour et

« palabrer » un petit peu... Le cousin en question est, quel heureux hasard, le président de la communauté des réfugiés de Ferchana. Rien que ça ! Notre arrivée dans ce camp sera grandement facilitée par cette rencontre. Le contrôle au poste de gendarmerie qui garde le camp ne sera qu'une pure formalité. Et surtout, le cousin nous propose une visite guidée de la communauté.

Le bon contact au bon moment, rapidité et efficacité deviennent une habitude !

La visite du camp est un moment très particulier. L'occasion pour moi de revoir des Darfouris, dans un tout autre contexte que celui du mois d'avril. L'occasion pour Emilie et Christophe de faire connaissance avec la population du Darfour, celle pour qui nous déployons tant d'énergie depuis des mois.

Emilie et moi, les camps de réfugiés, on connaît. L'austérité, la misère, l'hygiène et la salubrité plus que précaires, les enfants qui vous courent après en souriant, et en mendiant... Pour Christophe, la découverte est violente, le choc brutal ! Heureusement pour lui, il est là pour filmer, pour nous filmer, ce qui d'une part lui évite de trop réfléchir sur l'instant à ce qu'il découvre car il a une mission à remplir. Par ailleurs, la caméra agit comme un filtre entre lui et cette vie miséreuse des camps qu'il découvre pour la première fois.

Le cousin de Mahmoud nous emmène exactement là où nous avons besoin d'informations, auprès des orphelins. Des orphelins, il y en a beaucoup dans le camp, mais ils sont pris en charge par des femmes seules (des veuves sans enfants la plupart du temps) ou des familles réduites à « seulement » un ou deux enfants et qui peuvent en prendre quelques autres à charge. Après deux heures de contacts et de discussions intéressantes avec ces femmes et ces enfants du Darfour, mes idées et celles d'Emilie se confortent. Même si ces réfugiés sont dans la détresse, et leurs besoins criants tant les ONG et les agences onusiennes qui gèrent le camp font vraiment le minimum, au moins ils sont en sécurité. Notre mission, telle que nous l'avons conçue, est de sauver des enfants orphelins qui sont encore aujourd'hui dans l'enfer du Darfour.

A contrecœur, même si la situation des réfugiés de Ferchana est dramatique, même si ces innocents, parqués dans ce camp sans espoir et sans avenir, ont besoin d'assistance supplémentaire, notre mission n'est pas celle-ci et nous devons nous en tenir à l'objectif initial car nous n'avons pas la capacité de les aider, nous n'avons pas non plus pour vocation d'agir en lieu et place du HCR qui a la charge et la responsabilité de ce camp.

Notre entretien avec l'un des responsables du HCR à Ferchana enfonce le clou de ce que je sais et de ce que je pense du système onusien. Emilie et Christophe, qui n'ont pas mon expérience sur le sujet, auront besoin, pour le croire vraiment, d'entendre cette personne nous dire, sur un ton blasé : « Ces réfugiés n'ont pas à se plaindre, ici, ils sont dans le Hilton de l'Afrique ! »

Ces paroles choquantes, au regard de la vie de misère de ces réfugiés du Darfour, résonnent en nous trois et ne font qu'attiser la répulsion et l'aversion que nous éprouvons à l'encontre du système onusien.

Nous passons finalement la nuit dans la « guest house » climatisée du Pam, à quelques kilomètres du camp, et regagnerons Abéché le lendemain, non sans avoir dû à nouveau braver les ouadi.

Une dernière journée à Abéché pour peaufiner les détails de notre organisation et pour faire le point sur les différents aspects de notre mission de reconnaissance. Nous avons toutes les autorisations nécessaires, les réponses à nos questions techniques, les solutions logistiques, nous avons établi tous les contacts dont nous avons besoin, nous disposons avec Fadoul et Mahmoud de nos premiers coordinateurs locaux. Une seule conclusion s'impose, c'est du bon boulot !

Nous sommes parés pour revenir dans quinze jours afin de lancer l'opération CHILDREN RESCUE.

Ultime cerise sur le gâteau, nous rentrons à N'Djamena à bord d'un Transall en compagnie du commandant en chef des forces françaises au Tchad. Une occasion unique de lui présenter notre mission, en lui expliquant que nous allons ouvrir deux centres d'accueil pour orphelins du Darfour, un à Abéché et un à Adré. Il nous trouve bien courageux de nous installer à Adré, point chaud sur la frontière, et me tend alors sa carte de visite en précisant : « Si vous avez besoin de quoi que ce soit, n'hésitez pas. » C'est bien noté !

Chapitre 7

Les derniers préparatifs

Retour à Paris, fin août. Les deux semaines à venir s'annoncent encore plus chargées que les précédentes.

La mission de reconnaissance a porté ses fruits, elle a répondu à bon nombre de nos questions, mais il reste encore tant de choses à faire, en si peu de temps, avant de lancer l'opération mi-septembre.

Je dois d'abord définir l'équipe qui partira sur le terrain. Il nous faut des médecins, des infirmières, des logisticiens, un responsable sécurité… Et puis, comme prévu, il faut des journalistes.

En peu de temps, il faut donc monter un planning et trouver les bonnes personnes.

Un briefing est organisé le 2 septembre à la caserne des pompiers d'Argenteuil. C'est l'occasion de voir tout le monde en une fois, de convaincre les indécis, de faire se rencontrer les gens qui ne se connaissent pas mais qui devront former une équipe, et, finalement, de boucler ce planning en tenant compte des possibilités de chacun, des nécessités et des besoins de la mission, tout en assurant un minimum de flexibilité dans ce planning pour faire face aux aléas d'une mission complexe.

Il faut bien sûr gérer dans le même temps les formalités administratives pour chaque membre de l'équipe, passeport, photo, visa, vaccin contre la fièvre jaune, ordre de mission...

Comme d'habitude, Christophe et Emilie assurent avec rapidité et efficacité !

La veille, nous avons organisé la dernière réunion d'information pour la centaine de familles d'accueil qui n'avaient pas pu assister aux précédentes réunions, lors de notre tour de France en juin/juillet.

Peut-être n'est-ce pas évident, mais c'est un travail de préparation et d'organisation énorme. Auparavant, il a fallu boucler le dossier avec les avocats et le Cofod pour finaliser la charte d'engagement. Il a fallu également boucler le budget avec les dernières informations recueillies au Tchad et, finalement, lancer un appel aux dons supplémentaires.

En effet, la reconnaissance au Tchad a permis de mettre des chiffres précis sur ce qui n'était auparavant que des estimations. Les besoins en matériel, en location de maisons ou de voitures, en effectifs aussi, locaux ou expatriés... Autant de données dont nous n'avons eu les précisions que la semaine passée.

Autre point important de la « reco », la liaison terrestre Abéché/Adré. Elle est trop aléatoire et trop dangereuse. Nous allons donc utiliser une liaison aérienne avec un avion de brousse.

Une liaison aérienne ? Fichtre, une mission de plus pour Christophe.

Louer un avion pour ce genre de mission n'est pas simple, surtout dans un délai aussi court... et avec des tarifs aussi élevés. Cela dit, le coût est relatif car si nous perdons un ou deux 4 × 4 dans les ouadi, à trente ou trente-cinq mille euros pièce... Le calcul est vite fait. Mais, tout de même, la location d'un avion privé pour cette mission s'avère finalement excessivement chère du fait qu'une seule entreprise a le monopole à N'Djamena et qu'elle fixe librement ses tarifs, c'est-à-dire hors de prix ! Quasiment cent mille euros pour un mois et demi...

Le plus simple, nous conseille-t-on, c'est d'acheter un petit avion de tourisme et de l'emmener sur place... Là, pour Christophe, ça devient « Mission impossible » !

En dix jours, il lui faut trouver un avion qui corresponde à nos besoins, l'acheter, l'immatriculer au nom de CHILDREN RESCUE, le faire convoyer jusqu'au Tchad en obtenant toutes les autorisations administratives de vol, et bien sûr, trouver des pilotes bénévoles pour assurer le planning de la mission... !

Un nouveau défi inouï à relever, mais dans le contexte, ce n'est pas plus difficile que le reste. Et ce défi-là, nous le relèverons. Enfin, Christophe le relèvera avec brio.

Bon... il faut lui concéder quelques jours de retard sur le planning à cause de pannes matérielles et d'un pilote convoyeur resté bloqué en Algérie puis au Niger. Mais finalement, l'avion, un Piper Cherokee de sept places environ, arrivera jusqu'à Abéché et nous permettra d'effectuer les liaisons Abéché-Adré sans aucun problème.

Christophe n'est pas seulement rapide et efficace, il est tout simplement « génial », avec en prime la gentillesse et l'humilité des grands.

Avec tous ces défis à relever en même temps pour notre petite équipe, le calendrier défile à la vitesse d'une montre. Il faut gérer en un temps record tous les achats de matériels, médicaux, informatiques, de radio télécommunication, les tentes, les fournitures, les billets d'avions pour les équipes... et j'en passe.

Dans une ambiance de travail survoltée, et avec l'aide de nombreux amis et des soutiens dans le réseau des familles d'accueil, tous ces challenges sont réussis un à un.

Dans le même temps, Emilie se dévoue à 200 % aux familles d'accueil. L'assemblée générale du Cofod du 8 septembre se rapproche, les questions et sollicitations sont nombreuses. Il faut être partout à la fois et répondre toujours présent.

On a presque hâte de partir au Tchad commencer la mission pour pouvoir souffler un peu ! C'est dire si la pression qui pèse sur nos épaules en ce début de septembre est énorme ! Cela dit, à mission exceptionnelle, pression exceptionnelle, c'est normal.

L'assemblée générale du 8 septembre met un point final à tous ces mois de préparation et donne le départ, enfin, de la mission de CHILDREN RESCUE.

Réunir l'ensemble des familles d'accueil pour une ultime assemblée avant les opérations de terrain était un moment attendu par tous. L'occasion d'expliquer une nouvelle fois ce qui nous unit, cette volonté de sauver des enfants orphelins du Darfour et de dénoncer publiquement ce drame inacceptable. C'est aussi l'occasion de présenter aux familles plus en détail l'organisation que nous allons mettre en place.

Volontairement, lors des premières réunions d'information, nous étions restés assez vagues sur l'organisation de terrain, par souci de sécurité mais aussi parce que certains points techniques ou logistiques n'ont été réglés que lors de la reconnaissance du mois d'août.

Cette présentation plus précise répond aux questions que les familles nous posent depuis des semaines. Grâce à ces nouvelles données, l'opération leur paraît plus concrète et plus proche aussi.

Pour éviter tout malentendu ou toute suspicion déplacée, je leur présente un budget détaillé de l'opération et justifie point par point, poste par poste, les appels aux dons que nous avons lancés.

Deux précisions importantes complètent la présentation : en cas d'excédent budgétaire à l'issue de l'opération, le reliquat sera reversé au Cofod pour aider à prendre en charge les frais administratifs et juridiques auxquels les familles devront faire face. Pour agir en toute transparence et en toute confiance, je propose à la trésorière du Cofod, Christelle, qui est expert-comptable et commissaire aux comptes, d'assurer l'expertise comptable de la mission afin de garantir aux familles la bonne gestion de notre opération. Elle accepte volontiers, en qualité de représentante des familles d'accueil.

Céline, notre « avocate en chef », intervient également pour répondre aux dernières questions juridiques que les familles peuvent encore se poser.

Une avocate de profession et également famille d'accueil est présentée à l'assemblée générale pour être le relais juridique entre le réseau des familles d'accueil et le collectif d'avocats qui assurera la prise en charge juridique dès l'arrivée des enfants sur le sol français. Là aussi, sur le plan juridique, la volonté est que les choses soient claires et transparentes vis-à-vis des familles qui ont un accès direct aux avocats (en plus de toutes les consultations juridiques qu'elles sont libres de faire de leur côté), pour répondre à toutes les questions légitimes qu'elles se posent. Il faut préciser qu'au sein des familles d'accueil, en plus de l'avocate, il y a un avoué, un notaire, deux assistantes sociales, un cadre de la Caf, autant de professionnels qui sont intervenus sur le forum Internet du Cofod pour répondre aux questions juridiques des familles. *Idem* sur le plan médical, puisque au sein du réseau, il y a plusieurs médecins, infirmières, nutritionniste, pédopsychiatre...

En termes sociologiques, le réseau des familles d'accueil est très hétéroclite et très complémentaire. C'est justement la force d'un réseau.

Ultime geste de notre part pour tenter de rassurer autant que possible les familles sur le bon déroulement des opérations, nous intégrons à l'équipe d'intervention sur le terrain trois représentants du Cofod : Philippe, médecin sapeur-pompier et président du Cofod; Alain, enseignant, et Marie-Agnès, journaliste à France Télévision, tous deux vice-présidents du Cofod. On ne peut pas faire mieux pour représenter les familles au cours des opérations!

Ce réseau, le Cofod, est organisé en association loi 1901 de manière complètement autonome par rapport à L'Arche de Zoé, ce qui lui garantit à la fois l'indépendance vis-à-vis de nous et la liberté d'action après l'opération, une fois les enfants arrivés.

Cette journée est aussi l'occasion de présenter à l'ensemble des familles le fonctionnement et l'organisation du Cofod. Les représentants nationaux et régionaux sont présentés afin qu'aucune famille ne soit ou ne se sente isolée. Ce projet est un projet collectif et il ne pourra perdurer que si les familles restent unies au sein de ce collectif.

A la fin de la journée, comme le veut la tradition dans toute assemblée générale qui se respecte, nous demandons à toutes les familles réunies de valider ou non, par un vote à main levée, les présentations qui ont été faites par L'Arche de Zoé et le Cofod. Zéro vote contre, deux abstentions (deux familles qui décideront quelques minutes plus tard, parce que c'est leur droit et leur choix, de ne pas poursuivre au sein du réseau) puis une marée de mains levées pour approuver l'opération ainsi que l'organisation du Cofod.

Vient alors pour moi le moment de leur annoncer que les préparatifs sont terminés et que les premiers membres de l'équipe de terrain s'envoleront dès lundi matin. L'émotion est à son comble et l'ensemble des familles applaudit à tout rompre dans une véritable

« standing ovation » pour saluer cette nouvelle que tout le monde attendait depuis des semaines !

Les discussions dureront jusque tard dans la nuit, puis avec Philippe, le président du Cofod, nous devons signer toutes les chartes d'engagement, en trois exemplaires (famille, Cofod, Arche de Zoé). Une ultime « corvée » pour clore les préparatifs de cette grande aventure humanitaire.

Chapitre 8

Le début des opérations

C'est le 9 septembre qu'Emilie et Matthias, un sapeur-pompier, s'envolent pour le Tchad. A leur arrivée à N'Djamena, dans la soirée, ils retrouvent Hassan qui les conduit à un hôtel pour une courte nuit de sommeil avant de lancer concrètement l'opération.

Leur planning est chargé, ils doivent faire le tour des ministères et des différentes administrations pour obtenir toutes les autorisations nécessaires pour chacune des vingt-six personnes de l'équipe de CHILDREN RESCUE qui vont défiler dans les semaines à venir. Ils doivent également trouver et acheter du matériel qu'on ne trouve pas à Abéché.

Je les rejoins deux jours plus tard, le 11 septembre, le temps pour moi de régler quelques détails techniques et logistiques en compagnie de Christophe qui, lui, restera en France, pour être notre « base arrière » et notre liaison avec le réseau des familles.

A mon arrivée à N'Djamena, ma priorité est de rencontrer le commandant des forces françaises au Tchad pour négocier avec lui des solutions logistiques. En effet, les 16 et 17 septembre, le gros de notre effectif (seize personnes) va arriver de Paris avec deux tonnes de matériel et nous sollicitons l'armée française pour les acheminer jusqu'à Abéché le plus tôt possible.

Il n'y a pas de vol Transall prévu pour le 19 ou le 20 septembre, mais compte tenu de notre effectif important, plus de deux tonnes de fret, le commandant consent à affréter spécialement pour nous un avion Transall le 19 septembre. S'il reste un peu de place à bord, l'armée trouvera toujours du fret à convoyer vers Abéché pour compléter le chargement et ainsi, rentabiliser ce « vol spécial ».

Seule formalité à accomplir pour affréter ce vol, la demande de transport doit être validée par l'ambassade de France de N'Djamena, puisque cela concerne une opération civile et militaire. Emilie, qui a un bon contact avec l'attaché de défense de l'ambassade, se charge de cette formalité.

Je profite de mon rendez-vous sur la base militaire française pour parler avec le commandant, et son adjoint, de l'aspect « sécurité » de notre opération humanitaire. Comme je le lui avais déjà expliqué lors de notre rencontre en août, nous allons installer un centre d'accueil pour orphelins à Adré, zone de combats, et zone d'autant plus sensible que chaque année, à cette époque, les incursions des rebelles et les « escarmouches » sont fréquentes.

Je profite donc de cet entretien privilégié avec ces deux militaires de haut rang qui connaissent bien la région pour définir notre stratégie de sécurité.

Le commandant des forces françaises se montre, comme d'habitude, bienveillant et rassurant. En cas de problème sérieux à Adré, nous pourrons compter sur l'armée française pour nous porter assistance. Il nous dit que dans les jours qui viennent, un officier de sécurité passera visiter nos deux bases pour faire des relevés GPS de nos positions. Les consignes sont simples : en cas de conflit armé à proximité de nos bases, on prévient l'armée française par radio ou téléphone satellite, on reste confiné dans nos bases 24 à 48 heures si nécessaire, et, si la situation se dégrade vraiment ou si les combats se rapprochent trop de nos bases, l'armée française nous enverra ses hélicoptères pour exfiltrer nos équipes.

Nous sommes ici pour une opération humanitaire et pas pour faire la guerre, mais j'ai la responsabilité de toute l'équipe, et donc de sa sécurité. Savoir que je peux compter sur le soutien de l'armée française en cas de coup dur est un point précieux et rassurant de notre dispositif. D'autant plus précieux que, même si par souci de sécurité, l'essentiel de nos effectifs sera basé à Abéché, je sais que je vais devoir envoyer en permanence deux ou trois expatriés à Adré, dont Emilie qui sera la responsable de la base. Je me dois donc de minimiser les risques autant que possible, notamment par des solutions de confinement et d'exfiltration aérienne. Le risque zéro étant bien sûr impossible, surtout lorsqu'on est implanté dans une zone de guerre, ce qui n'est pas le genre d'endroit où l'on peut garantir tranquillité et sécurité.

Après ces formalités nécessaires auprès des autorités tchadiennes et de l'armée française, Emilie, Matthias et moi décollons le vendredi matin sur un vol intérieur pour Abéché. Hassan, lui, restera à N'Djamena pour accueillir les équipes qui arrivent les dimanche et lundi suivants et les guider dans leur petit parcours administratif. Même si Emilie s'est occupée d'obtenir les différentes autorisations de circuler, chaque membre de l'équipe doit passer par les services de l'immigration pour faire tamponner son passeport. Après une nuit à l'hôtel à N'Djamena, ils embarqueront sur le Transall affrété pour eux et nous rejoindront à Abéché.

Finalement, ici, au Tchad, le chrono tourne toujours aussi vite.

A peine arrivés à Abéché le vendredi, nous retrouvons Fadoul qui nous attendait avec impatience depuis notre séjour du mois d'août. Comme nous en étions convenus, il a bien travaillé pendant notre absence et nous a grandement préparé le travail. Louer la maison qui nous servira de base principale se fait dès notre arrivée. Dans la foulée, les loueurs de véhicules se présentent et je trouve rapidement mon bonheur. Pendant qu'Emilie et Matthias partent en centre-ville compléter les achats de matériel, je m'occupe de recruter les premiers employés locaux.

Comme toujours, il faut faire vite. D'une part, parce que les seize expatriés arrivent en début de semaine prochaine et notre base doit donc être prête pour les accueillir et, d'autre part, parce que Emilie et Matthias vont partir pour Adré. Ils y retrouveront Mahmoud et doivent ouvrir la base d'Adré dans les meilleurs délais pour lancer les premiers véritables contacts avec les tribus du Darfour.

Avant l'arrivée de l'équipe médicale, je dois également boucler tous les partenariats envisagés en août. J'organise avec le HCR la livraison de tentes qu'ils nous donnent à Adré et à Abéché. Je rencontre à nouveau le responsable de l'OMS pour obtenir le matériel médical nécessaire à la création d'un véritable poste médical dans notre base d'Abéché.

Je prépare l'arrivée de l'équipe, j'organise la maison qui nous servira de base, je gère le parc de véhicules autant à Adré qu'à Abéché... Comme toujours, les journées sont intenses, trop courtes.

Emilie et Matthias sont arrivés sans encombre à Adré et installent notre « base avant ».

Des deux options que nous avions envisagées en août lors de notre repérage, c'est celle de l'ancienne base du HCR que nous prenons. Dans des conditions de vie rudimentaires, Matthias abat un travail de titan pour rendre la base opérationnelle et vivable. Il faut construire des sanitaires, des douches, installer des tentes, créer un réseau électrique, un réservoir d'eau... Il sait qu'il n'a que quelques jours pour que la « base avant » soit opérationnelle afin d'accueillir les premiers enfants.

Emilie a d'énormes responsabilités. Elle doit gérer les rencontres avec les autorités locales, recruter du personnel, guider Matthias, organiser la vie de la base et, surtout, prendre les contacts de l'autre côté de la frontière... Elle devra donc aussi faire rapidement le point avec Mahmoud, à qui nous avions laissé des consignes et notamment la mission très importante de se rendre au Darfour pour établir la liaison avec les chefs de village soudanais. Ces contacts ayant été bien effectués par Mahmoud, les choses vont très vite et quelques jours seulement après son arrivée à Adré, Emilie reçoit les premiers chefs de village soudanais. Ils sont trois, dont le doyen du canton, à avoir fait le déplacement pour venir rencontrer ces Français dont Mahmoud leur a parlé... Emilie leur explique notre projet de prendre en charge des enfants orphelins du Darfour, leur fait découvrir la base, leur explique également l'existence de notre base principale à Abéché où une équipe médicale peut traiter les enfants blessés ou malades.

A ce moment des discussions, ne connaissant pas vraiment ces Soudanais qui peuvent très bien être des agents de la sécurité soudanaise, Emilie ne leur parle pas d'évacuation vers la France.

C'est une consigne que j'ai donnée depuis le début : compte tenu des enjeux de sécurité, de la menace soudanaise et de la haute sensibilité de notre projet, on ne parle à personne d'évacuer des enfants orphelins du Darfour vers la France. Ni à nos contacts soudanais, ni à nos personnels locaux, ni à nos partenaires, expatriés ou locaux.

Officiellement, les bases d'Adré et d'Abéché accueillent et prennent en charge des enfants orphelins du Darfour qui nous seront confiés définitivement par des chefs de village soudanais. On n'en dit pas plus. Et on ne doit pas en dire plus pour éviter toute fuite d'information vers la sécurité soudanaise. Les tribus Massalites et Zaghawa sont éparpillées des deux côtés de la frontière, aussi bien au Tchad qu'au Soudan, et une information mal maîtrisée peut se révéler extrêmement dangereuse pour la mission et surtout pour les membres de l'équipe.

Seuls les vingt-six membres français de l'équipe de CHILDREN RESCUE sont au courant du plan d'évacuation des enfants, mais même entre nous, on n'utilise jamais le mot « évacuation », il est banni de notre langage, pour éviter toute fuite malencontreuse vers des oreilles indiscrètes.

Entre nous, lorsqu'on doit parler de l'évacuation des enfants vers la France, on utilise le terme « vaccination », plus discret.

C'est un secret très lourd que nous portons tous, avec ce souci permanent d'éviter toute fuite, mais c'est vital en termes de sécurité. Par ailleurs, comme je l'explique aux membres de l'équipe, ces enfants sont orphelins et nous ont été confiés définitivement par les chefs de village. Donc, qu'on les prenne en charge à Adré, Abéché, N'Djamena, Tombouctou ou Paris, cela n'a pas grande importance, la priorité absolue est de les sortir de la zone de guerre. Il faut les mettre à l'abri, les soigner, les nourrir, puis ensuite leur permettre d'obtenir le droit d'asile dans un pays en paix, en l'occurrence la France, mais pour l'instant, cela ne regarde que nous. Car si ce secret est très lourd à porter pour nous, il n'est pas forcément difficile à deviner pour les autres...

Quelques jours seulement après la visite des chefs soudanais à Adré, deux d'entre eux se présentent de nouveau et amènent à Emilie les premiers orphelins du Darfour. Parmi eux, le doyen amène son propre petit-fils, dont les parents ont été tués par l'armée soudanaise. Le doyen dit alors à Emilie : « Je te le confie à toi personnellement. Emmène-le avec toi en France, ici, c'est trop dangereux, donne-lui une chance de recevoir une bonne éducation et de vivre heureux. Je te le donne... »

Le doyen reviendra souvent voir Emilie, pour amener des enfants mais aussi pour prendre des nouvelles et discuter avec elle de ce qu'il se passe dans son pays.

Au-delà des mots qui ont pu être échangés entre eux, par traducteur interposé, c'est tout simplement une philosophie de la vie et une vision du drame du Darfour qui les rapprochent.

Dans ce genre de situation, les regards échangés et les émotions intérieures sont bien plus puissants que les mots.

Chapitre 9

Une équipe talentueuse

A Abéché, cela fait déjà quelques jours que l'équipe est arrivée au grand complet et s'affaire à installer notre base. Elle sera à la fois la « base vie » de notre équipe d'expatriés, la « base médicale » pour les soins et toute la prise en charge médicale des enfants, et la « base principale » de regroupement des enfants avant leur évacuation vers la France.

La base est composée de deux grandes maisons mitoyennes, rapidement complétées par une troisième pour offrir aux enfants suffisamment d'espace et un accueil confortable.

L'équipe médicale est composée de Philippe, médecin, sapeur-pompier et président du Cofod, Thierry, un médecin urgentiste du Samu désigné comme coordinateur médical de la mission, ainsi que de Gisèle, médecin pédiatre d'origine camerounaise. Plus tard, Isabelle et Dominique, deux autres médecins urgentistes, prendront la relève de Thierry et Gisèle.

Pour épauler les médecins, nous avons également une équipe d'infirmières exceptionnelles. Nadia, d'origine marocaine, qui parle couramment arabe et sera responsable de l'accueil et de l'organisation de la vie quotidienne des enfants.

Adeline est chargée de la mise en place du poste médical et de la définition des procédures avec l'équipe de médecins.

Agnès se charge plus particulièrement de la gestion de la pharmacie et sera la seule de l'équipe à aller passer quelques jours sur notre « base avant », à Adré, afin de mettre en place les procédures d'accueil et installer un poste de soin et de premier examen pour que l'équipe d'Emilie puisse accueillir les enfants dans les meilleures conditions possibles, eux qui arrivent directement du Darfour, dans un état sanitaire bien souvent précaire...

Notre trio d'infirmières est appuyé par deux infirmières psychologues, Nathalie et Lydia, qui ont pour mission d'évaluer l'état psychologique de ces enfants traumatisés par la guerre et la disparition de leurs parents et d'assurer la meilleure prise en charge possible dès leur accueil par la mise en place d'activités et de jeux.

Avec cette équipe de choc et de charme, aucun doute, les enfants seront entre de bonnes mains...

Courant octobre, Kathy et Pierre viendront prendre la relève d'Adeline et d'Agnès. Trois infirmières locales seront également embauchées pour renforcer l'équipe, au fur et à mesure de l'arrivée des enfants.

Disposer d'une telle équipe médicale et paramédicale est un atout, encore faut-il lui donner les moyens de travailler. C'est pourquoi l'équipe logistique que j'ai constituée est également très étoffée.

Dominique, *alias* « Doudou », ancien militaire et sapeur-pompier, assure l'intendance générale de la base d'Abéché. Doudou, que j'ai connu en Indonésie sur les rivages du tsunami, est un crack pour la coordination logistique et la gestion d'une « base vie ». Il faut un minimum d'expérience pour gérer une base comme Abéché où, au plus fort de la mission, nous aurons une centaine d'enfants et une centaine d'employés locaux, sans parler des vingt-cinq expatriés. Répondre quotidiennement aux sollicitations de tous, aussi diverses que variées, demande de l'expérience mais surtout une très grande capacité d'adaptation.

Pierrot, Marc, Nicolas, Christophe B et Christophe W, puis Gilles et Samuel, tous sapeurs-pompiers, composent l'équipe logistique. Plusieurs d'entre eux iront régulièrement à Adré, pour de courts séjours, afin d'aider Matthias dans son travail de titan. Car à Adré, il y a une équipe réduite, mais le travail ne manque pas. Il faut créer et gérer quotidiennement la « base avant », notamment en réalisant un pré-bilan lors de l'accueil des enfants, pour identifier ceux nécessitant des soins urgents, et, le cas échéant, organiser un transfert rapide vers notre base médicale d'Abéché.

Marie-Agnès, journaliste à France Télévision et vice-présidente du Cofod, assure le suivi de la mission « caméra au poing ».

Jean-Daniel, *alias* « Jedaï », photographe talentueux rencontré en 2005 dans la zone tsunami, est intégré à l'équipe logistique pour participer à la mission, avec un double rôle, logisticien et photographe. Une double mission très riche en expérience pour Jedaï, qui passera une bonne partie de son temps à Adré avec Emilie et Matthias.

Enfin, Alain, autre vice-président du Cofod, complète l'équipe logistique avec pour principale mission la gestion de la sécurité et les relations avec les militaires français de la base d'Abéché.

Nous disposons donc d'un effectif total de cinq médecins, dix infirmier(e)s, dix sapeurs-pompiers aux spécialités et aux compétences complémentaires, qui nous donnent un plateau technique d'une très grande qualité, ce qui est suffisamment rare dans la région pour être souligné.

D'ailleurs, au-delà de la prise en charge impeccable des enfants pendant toute la durée de la mission, notre équipe sera sollicitée pour d'autres interventions. Le HCR nous demandera d'assurer les consultations et les soins pour l'ensemble de ses personnels, locaux et expatriés.

L'hôpital d'Abéché, la base militaire française, MSF et d'autres ONG feront plusieurs fois appel à nous pour des cas graves concernant des enfants. C'est pour nous la meilleure reconnaissance de la qualité technique de notre équipe médicale.

Gisèle se souviendra longtemps de sa première expérience d'intervention en brousse. Nous avons été sollicités par une ONG américaine, IRC (International Rescue Commitee) qui n'est autre que l'ONG soutenue et financée par l'acteur américain George Clooney, engagé contre la guerre au Darfour.

Cette ONG nous appelle en catastrophe pour une petite fille de dix ans foudroyée par une péritonite aiguë. Elle se trouve en pleine brousse, à plus de cinq heures de piste d'Abéché, et ne pourra certainement pas survivre à un trajet si long. Les minutes sont comptées.

Je décide donc, sans la moindre hésitation, de bouleverser notre planning d'activités, pour organiser à la hâte une mission d'évacuation aérienne. Notre avion est sur le tarmac d'Abéché, sur le point de partir pour Adré. Je demande à Gisèle de préparer un sac d'intervention spécifique à cette opération. Elle est terrifiée à l'idée de prendre un petit avion de brousse pour aller se poser au milieu de nulle part et réaliser une opération aussi délicate. Mais on n'a pas le choix, la vie d'une fillette en dépend... alors Gisèle met son stress dans sa poche, l'ensemble de l'équipe médicale se mobilise pour préparer le matériel pendant que François-Xavier, le pilote, nous bâtit un plan de vol en urgence pour aller chercher la petite et la conduire au plus vite vers une unité chirurgicale de MSF.

Moins de deux heures plus tard, la fillette sera sur une table d'opération, sauvée *in extremis* par la réactivité et la mobilisation de toute notre équipe. A leur retour, Gisèle et François-Xavier sont congratulés par toute l'équipe pour ce sauvetage réussi. Je garderai longtemps en mémoire le regard et l'émotion de Gisèle à son retour. Elle aussi sans doute !

Toute notre équipe d'urgentistes expérimentés mesure pleinement la valeur du sauvetage d'une vie d'enfant dans des conditions aussi extrêmes.

Nadia, l'infirmière la plus appréciée des enfants car elle discute en arabe avec eux et les câline du matin au soir, aura également réalisé des prouesses incroyables, bien au-delà de ce qu'elle croyait être capable de faire. Au fur et à mesure de l'intensification de la mission par les arrivées successives d'enfants, elle gérera une équipe de plus de quatre-vingts « nounous », des employées locales qui auront pour mission de choyer les enfants pour leur offrir ni plus ni moins que le « bonheur de la vie ». A la vitesse où ces enfants ont retrouvé le sourire, la santé et la joie de vivre, la mission a été une véritable réussite.

Avec une telle équipe, il ne nous aura fallu que quelques jours pour aménager et rendre opérationnelles les bases d'Adré et Abéché. L'ensemble de l'équipe a répondu présent, chacun à sa manière, avec sa sensibilité et sa capacité d'adaptation, et a trouvé les ressources nécessaires pour relever tous les défis que représentait une mission aussi lourde dans des délais aussi rapides. Un seul livre ne suffirait pas à raconter cette mission exceptionnelle, les aventures, les expériences et les anecdotes de chacun étant nombreuses et variées.

Mais je garde un grand souvenir de cette mission qui, techniquement, du point de vue médical ou logistique, a été une grande réussite, pour ne pas dire une prouesse, que bien peu d'ONG, même les plus grandes, auraient du mal à réaliser dans un délai aussi court. Pour avoir participé à des opérations d'envergure avec de grandes institutions humanitaires, je mesure pleinement les exploits réalisés par l'équipe de CHILDREN RESCUE et je suis fier d'une équipe qui a été bien au-delà des « standards habituels » pour offrir aux enfants du Darfour un niveau de prestations et une qualité d'accueil incomparables dans cette région, dans ce pays et sans doute même à plusieurs milliers de kilomètres à la ronde !

Chapitre 10

Premiers contacts avec les enfants

C'est le vendredi 21 septembre que je réunis en plein après-midi toute l'équipe, pour un briefing un peu particulier.

D'habitude, j'organise les briefings le soir, avant le dîner, mais là, ça ne peut pas attendre, la nouvelle est trop importante et je dois la partager. Emilie vient de m'apprendre par téléphone que les premiers orphelins du Darfour viennent d'être amenés à notre base d'Adré par deux chefs de village soudanais. Les enfants sont au nombre de six, âgés de trois à six ans.

Tout le monde ne mesure pas forcément l'importance de cette nouvelle, mais pour Philippe et Alain qui ont préparé avec moi cette mission, l'émotion est énorme. Cette simple annonce par téléphone est l'aboutissement de plusieurs mois d'un travail acharné et d'une débauche d'énergie et de moyens dans un seul et unique but : sortir des enfants innocents de l'enfer du Darfour !

L'arrivée des premiers enfants à notre base d'Adré signifie tout simplement que six enfants ont échappé à l'enfer de la guerre et sont aujourd'hui à l'abri dans l'enceinte de notre base, pris en charge par notre équipe. Tous nos efforts n'ont pas été vains ! Sauver ces six enfants est une immense « victoire » sur la fatalité, mais aussi sur la folie meurtrière des hommes qui s'abat sans discernement sur la population du Darfour.

Nous avons pris beaucoup de risques et déployé jusque-là une énergie phénoménale pour monter ce projet, alors l'émotion ressentie est à la hauteur des efforts accomplis. A l'issue du briefing, qui aura au moins eu le mérite de redonner du cœur à l'ouvrage à toute l'équipe pour terminer la préparation de la base médicale qui va donc accueillir ses premiers patients d'ici quelques jours, Philippe, Alain et moi prenons quelques minutes pour partager nos émotions au milieu de quelques larmes de joie.

Je regrette de ne pas avoir partagé ce moment avec Emilie, le coup de téléphone a été bref, comme souvent d'ailleurs car la liaison téléphonique entre Adré et Abéché est exécrable. J'ai bien senti qu'elle était aussi émue que moi, là-bas, à Adré. J'ai bien compris qu'elle aurait aimé que je sois là, à côté d'elle, pour vivre ce moment unique. Mais tant pis, c'est comme ça, nous devons nous en contenter, et puis l'important, la seule chose vraiment importante, ce n'est pas l'émotion des uns et des autres, c'est que six vies innocentes soient sauvées, et cela suffit à notre bonheur à tous !

Plus tard, dans la soirée, Emilie me rappelle pour me donner quelques nouvelles complémentaires. Matthias a effectué un pré-bilan des enfants, rien de grave à signaler, ils sont tous en sous-nutrition, quelques bobos ici ou là, mais rien qui nécessite d'organiser un transfert d'urgence vers Abéché. Nous allons donc pouvoir prendre le temps nécessaire, un ou deux jours, pour peaufiner l'aménagement et l'organisation de la base médicale avant de les accueillir. Emilie me raconte sa journée, très forte aussi en émotions. Elle a été surprise par l'arrivée des chefs soudanais quelques jours seulement après leur première rencontre. Elle a été émue lorsque les premiers enfants ont franchi le portail de notre base. Les premiers contacts avec eux, les premières mains serrées, autant d'instant uniques et magiques qui ne peuvent se décrire. Il faut les vivre pour les comprendre, et aussi pour les croire. Mais d'autres émotions guettaient ! En fait, les deux chefs soudanais se sont présentés avec dix enfants. Deux d'entre eux avaient encore un parent vivant au Darfour, et deux autres avaient largement plus de cinq ans, sans doute dix ou douze ans. Pourtant, Emilie avait été très claire dans ses explications aux chefs de village : nous accueillons les enfants orphelins de père *et* de mère, âgés de zéro à cinq ans. Seule « dérogation » concernant l'âge : l'enfant de plus de cinq ans fait partie d'une fratrie, avec au moins un frère ou une sœur de moins de cinq ans. Dans ce cas, parce qu'il est évidemment hors de question de séparer une fratrie, on peut accepter d'accueillir des enfants de plus de cinq ans.

Au milieu des belles émotions de cette journée de première arrivée d'enfants orphelins, se cachait un drame que nous n'avions pas imaginé : refuser des enfants. Et les renvoyer avec leurs chefs de village sur le chemin qui les ramènera au Darfour.

« La claque est énorme », me dit Emilie, et je ressens à sa voix que l'émotion est forte. Pourtant, elle est solide. Elle avait des consignes et les a respectées à la lettre.

A aucun moment elle ne montre à son équipe la difficulté de sa mission et les décisions « cruelles » qu'elle est obligée de prendre. Elle avale sans broncher et ne se permettra qu'avec moi de lâcher ses émotions, comme une soupape de sécurité destinée à éviter que la cocotte n'explose.

C'est aussi l'ingratitude de la fonction et de la mission, car, elle comme moi, nous donnons l'image de gens solides, robustes, capables de tout encaisser, sévères diront même certains, mais intérieurement, parce que notre fonction nous empêche de les montrer, les émotions cachées ne sont que plus dures à encaisser. Il est évidemment très difficile d'expliquer, et a fortiori de comprendre, ces sentiments et ces frustrations. Les membres de l'équipe, concentrés sur leurs missions respectives, ont eu beaucoup de mal à saisir certaines de nos attitudes.

Même moi, je dois avouer que lorsque Emilie me raconte cela au téléphone, je ressens son émotion sans vraiment la comprendre. C'est tellement abstrait.

Deux jours plus tard, je me rends à Adré pour faire connaissance avec ces premiers enfants mais aussi, au besoin, aider Emilie dans sa lourde tâche.

Le 29 septembre, Emilie se rend avec une partie de son équipe et ses traducteurs dans un petit village très proche de la frontière, au sud d'Adré, pour prendre contact avec d'autres chefs soudanais. Je reste donc à la base « pour garder la maison ». L'occasion d'une matinée avec les enfants, il y en a maintenant quinze, avec les arrivées des deux jours précédents. Quelques jeux, une partie de ballon... Vers 11 heures, un traducteur m'annonce qu'un chef soudanais se présente au portail, avec des enfants... je m'approche du portail et je vois le chef soudanais entrer, suivi par un, deux, trois, quatre, cinq... ça n'arrête pas... dix-sept enfants !

Là, confronté à la même situation, je comprends les émotions qu'Emilie me décrivait par téléphone !

Nous nous asseyons tous sous notre « arbre à palabre » et je fais connaissance avec ce chef de village, qui a déjà rencontré Emilie deux fois. Il s'appelle Souleymane Ibrahim. Je suis entouré par trois traducteurs, pour ne rien perdre des explications du vieil homme. Il m'explique son histoire, son village brûlé au Darfour... Puis, il me présente un à un chaque enfant. Il les connaît tous visiblement très bien, de même que les enfants semblent le connaître. J'écoute l'histoire de chaque enfant, je prends des notes, tous les détails comptent; les prénoms, l'âge, le village d'origine, l'histoire des parents (tous tués dans des attaques), leur quotidien d'aujourd'hui (où vivent-ils ? avec qui ? pourquoi ?). Chaque fois, les explications du vieil homme sont précises. Sans pour autant être méfiant, juste par principe, pour suivre la procédure mise en place avec Emilie, je demande à une traductrice d'emmener les enfants un à un dans une pièce de la maison afin de leur poser les mêmes questions qu'au chef de village, pour vérifier la concordance des informations. Dans cinq cas sur dix-sept, les enfants nous déclarent vivre avec leur mère. Sont-ils réellement orphelins ? Je me pose la question et, surtout, je pose la question au chef Souleymane. Les réponses sont claires, précises et sans ambiguïté. Dans les cinq cas, les enfants ont été orphelins très tôt, ils avaient moins de un an et ont été pris en charge par une femme de la communauté qu'ils prennent aujourd'hui pour leur mère, mais ce sont bien des orphelins de père et de mère. Et si ces enfants sont là aujourd'hui, c'est parce que les familles d'accueil n'ont pas ou plus la possibilité de les prendre en charge correctement. Toutes les informations concordent, mes traducteurs sont convaincus par les propos de Souleymane et donc moi aussi.

Les enfants sont tous bien identifiés, et on donne à chacun un petit bracelet avec son prénom et une collation. Tous sont très sales, en guenilles, certains avec quelques plaies ou cicatrices, tous sont fins, maigres, visiblement sous-alimentés. D'ailleurs, leur énergie pour se jeter sur l'eau potable et la collation ne laisse aucune ambiguïté sur leurs conditions de vie...

Le chef est sur le point de repartir, non sans me dire qu'il y a d'autres orphelins dans sa communauté et qu'il reviendra dans quelques jours.

Sans en avoir parlé à Souleymane ni à mes traducteurs, un problème me torture l'esprit depuis un bon moment déjà. Plusieurs des dix-sept enfants ont plus de cinq ans. Certains sans doute huit ou neuf ans, à en juger par leur taille ou le nombre de dents de lait perdues. Heureusement, la moitié d'entre eux sont en fratrie. Mais il y en a quatre qui sont seuls et qui ont visiblement plus de cinq ans... Il n'y a pas de doute, ces quatre enfants ne rentrent pas dans les « critères » de la mission... Là, précisément, je me remémore chaque mot d'Emilie quand elle m'a expliqué par téléphone la difficulté de la situation. La « cruauté » de la situation, devrais-je dire. Ces enfants doivent repartir...

Mais non ! Je ne peux pas faire cela ! Je ne peux pas les renvoyer. Je prolonge autant que possible l'entretien avec Souleymane pour me donner le temps de la réflexion. Les critères, satanés critères... Pourquoi ? Pourquoi moins de cinq ans ? La réponse existe pourtant ! Parce que les enfants orphelins de moins de cinq ans sont plus vulnérables que les grands, plus nombreux aussi (80 % selon les statistiques). Tout simplement. Ces critères ont d'ailleurs été expliqués au réseau des familles d'accueil. Nous nous sommes engagés. Je me suis engagé. Accueillir un enfant de trois ans, ce n'est pas la même chose qu'un enfant de neuf ans. Ces critères ont été fixés pour de bonnes raisons. Emilie l'a bien compris et elle a dû, comme moi aujourd'hui dans la même situation, refuser des enfants. Voilà ce qu'elle a tenté de m'expliquer au téléphone. Sauf qu'à cet instant précis, les enfants sont face à moi, ce ne sont pas des critères, des statistiques ou des engagements, ce sont des enfants !

Alors le problème est simple, si je renvoie ces enfants dans la brousse, je sais que leur espérance de vie est limitée. Si je les garde, je transgresse les règles que j'ai moi-même fixées et imposées à Emilie, j'occupe des places d'accueil qui vont peut-être manquer plus tard pour de plus petits, pour de plus vulnérables, et je nous oblige à trouver des familles d'accueil qui acceptent de prendre en charge des enfants plus grands, avec toutes les problématiques que cela entraîne (barrière de la langue, scolarisation, traumatismes...).

Un grand moment de solitude, comme on dit.

Me voici face à moi-même, face à ma conscience.

J'aurais dû m'imposer les mêmes critères ! Par respect pour la mission, par respect pour les familles d'accueil.

Mais le respect de la vie, j'en fais quoi ? Et le respect de ces enfants ? C'est plus fort que moi, je ne peux me résigner à les renvoyer en enfer et décide de les garder ! Tant pis, je l'expliquerai à Emilie, je l'expliquerai aux familles. J'assumerai coûte que coûte cette décision mais je ne renvoie pas ces enfants. Ils sont arrivés jusqu'ici, ils restent !

Je manque de courage et de fermeté mais je choisis la paix avec ma conscience. Car je sais que les visages, les sourires, les regards de ces quatre enfants m'auraient hanté longtemps si je les avais laissés repartir.

Comme pour me dédouaner de ma décision, j'explique au chef Souleymane que c'est vraiment à titre « exceptionnel » que j'accepte d'accueillir des plus grands et que la prochaine fois il ne doit amener que des enfants de moins de cinq ans.

Après son départ, je regarde les enfants et, même si je m'en veux d'avoir craqué, je ne peux m'empêcher de me dire que je leur ai sans doute sauvé la vie. Cela me conforte dans ma décision et cela m'apaise.

Allez, tout ce petit monde à la douche ! Après, vêtements neufs pour tous et tournée générale de gâteaux ! Je ne sais comment expliquer ce bonheur intérieur...

En milieu d'après-midi, Emilie revient à la base et découvre que le nombre d'enfants a doublé depuis son départ le matin. Elle est émue de ces nouvelles arrivées, même si elle ne le montre pas, je le sais, je la connais. Elle est déçue aussi. Déçue de ne pas avoir été là pour la première arrivée « massive » d'enfants, déçue que nous n'ayons pas partagé ce moment tous les deux.

Et elle est furieuse contre moi, parce que je n'ai pas respecté les critères d'admission...

« C'est bien le chef, ça ! Faites ce que je dis mais pas ce que je fais !... »

Finalement, après discussions et échanges de point de vue, nous sommes heureux et fiers car la mission fonctionne comme prévu. Plus d'une trentaine d'orphelins recueillis en quelques jours. C'est géant.

Personne, ni à Abéché ni en France, ne peut comprendre ni ressentir ce qui se passe sur cette base d'Adré. Dans l'équipe, seuls quelques « privilégiés » comme Matthias, Marie-Agnès, Jedaï, Gilles ou Alain ont pu vivre ces moments rares dans une vie.

Ce que personne, même au sein de l'équipe, ne comprend vraiment c'est comment nous en sommes arrivés là, à réaliser l'impossible.

Toute l'équipe a été formidable, chacun a rempli son rôle comme il faut. Mais au-delà des défis que nous avons relevés, techniques ou logistiques, au-delà des trésors d'ingéniosité et de diplomatie qu'il a fallu déployer, il y a un point essentiel, crucial, sans lequel cette mission n'aurait jamais pu aboutir à l'arrivée des orphelins à notre base d'Adré.

Ce qu'a réalisé Emilie à la frontière du Darfour, aux confins du Tchad, dans une zone de guerre ultrasensible, est tout simplement hors du commun.

Au-delà de la mission, de la création de la base à Adré, de la mise en place de son équipe, des contacts avec les autorités locales qu'elle a dû gérer avec le tempérament qu'on lui connaît, le secret de cette mission réside dans le contact entre Emilie et les chefs de village soudanais. Essayez un instant de vous représenter cette petite blonde de 1,61 mètre, seule au milieu de chefs de village du Darfour, qui connaissent la guerre depuis des années et qui vivent dans une culture, une religion et une philosophie de vie complètement différentes des siennes. Elle a su « imposer » en seulement quelques réunions son tempérament et sa force de conviction. Elle a noué de telles relations et établi une telle confiance que les premiers orphelins sont arrivés seulement quelques jours plus tard. Cet exploit est magique. Emilie est magique ! Et je ne connais personne capable de faire cela. A cet instant-là, dans cette mission-là, dans ces conditions-là, Emilie a été tout simplement irremplaçable et a permis la concrétisation de cette aventure humaine exceptionnelle.

Chapitre 11

Un avion pour 103 enfants

Début octobre. Les journées passent et se ressemblent, denses, intenses. L'organisation de nos deux bases est maintenant rodée, les équipes sont en place, les premières relèves arrivent.

Presque chaque jour, de nouveaux orphelins parviennent à Adré, mais Emilie en refuse beaucoup. Bien rodée à la procédure d'accueil, elle est plus efficace dans la détection et plus ferme dans les critères. Il faut dire que nous avons eu quelques surprises avec le premier groupe d'enfants amenés par le chef Hachim. A force de discussions avec son équipe d'Adré, composée de « nounous » tchadiennes mais aussi soudanaises, Emilie finit par apprendre que certains enfants ont encore un parent au Darfour. Fidèles à nos valeurs, nous insistons pour que les enfants ayant encore un parent biologique susceptible de les prendre en charge repartent dans leur communauté.

Certains sont déjà à Abéché depuis huit ou dix jours, mais je les fais rapatrier sur Adré pour qu'ils soient rendus à leurs proches. Le choc est important, autant pour les enfants qui ne veulent pas repartir que pour l'équipe. Nadia fond en larmes au moment de dire au revoir à ces enfants qui « repartent vers l'enfer ». Encore une expérience difficile, qui nous servira de leçon et qui confortera Emilie dans le renforcement de sa procédure d'accueil et des « interrogatoires » des chefs de village sur l'origine des enfants.

Au début de la mission, nous avions planifié deux dates pour la première évacuation d'enfants vers la France : le 6 ou le 19 octobre.

Le 6, c'était beaucoup trop tôt. Nous avions à peine rassemblé une quarantaine d'enfants, trop peu pour un premier transfert. On reporte donc au 19 octobre.

Cela laisse le temps à Emilie d'envoyer ses émissaires encore plus loin dans le Darfour. Jusqu'à El-Genina, la capitale du nord Darfour et même jusqu'à Nyala, la capitale du sud Darfour. De nombreux orphelins seront identifiés, jusqu'à une centaine dans un village près de Nyala.

Mais organiser un transfert de Nyala à Adré, en passant par El-Genina, est un casse-tête. Les combats sont quasiment quotidiens, les moyens de transports sont rares et la piste de Nyala jusqu'à Adré, en passant par El-Genina, est extrêmement dangereuse.

Si seulement nous pouvions aller les chercher nous-mêmes avec nos véhicules et notre avion...

Mais nous ne pouvons pas entrer au Darfour et nous sommes obligés de passer par des émissaires et par les chefs de village. Nous ne le pouvons pas pour des raisons de sécurité, car il n'est pas question que j'envoie un seul membre de mon équipe sous les bombes, mais aussi pour une raison juridique : en effet, pour éviter que par la suite le Soudan ne nous accuse d'avoir « enlevé ses enfants », nous nous interdisons d'aller chercher des enfants de l'autre côté de la frontière.

Ce sont des chefs de village soudanais qui nous amènent les enfants au Tchad.

Ainsi, ce n'est pas nous qui faisons passer la frontière aux enfants mais leur chef de communauté. C'est un « détail technique », mais qui a son importance dans la procédure juridique que nous devons suivre pour rester en conformité avec les lois internationales.

Le Ramadan, et notamment les festivités de fin de période qui occasionnent trois jours chômés dans toute la région, ralentissent aussi nos activités.

Pendant qu'Emilie s'affaire à Adré et sur la frontière avec le sud-Darfour, je décide d'aller faire une reconnaissance à 200 kilomètres au nord d'Abéché. C'est Jacques, le pilote qui a pris la relève de François-Xavier, qui m'emmène là-bas, accompagné d'Hassan pour la traduction.

La région de Tiné est encore plus « chaude » en termes de sécurité que celle d'Adré. Dans ce coin, les escarmouches entre l'armée gouvernementale tchadienne et les milices rebelles tchadiennes sont très fréquentes. De plus en plus fréquentes, même... Plus on s'approche de la fin de la saison des pluies, plus les ouadi sont faciles à franchir et plus l'insécurité augmente dans toute cette région est du Tchad.

D'après mes informations, les combats s'intensifient un peu plus chaque jour au Darfour et la rébellion tchadienne préparerait une vaste offensive vers Abéché dans les semaines à venir. Adré est fortement menacé, l'état d'urgence et un couvre-feu y ont été décrétés par le préfet. Il ne va donc pas falloir s'éterniser dans la région...

La reconnaissance à Tiné tourne court à cause d'un rendez-vous manqué et on repart aussitôt vers Abéché pour ne pas rester trop longtemps dans cette zone sous haute tension.

Néanmoins, la piste est intéressante et le contact établi avec le fils du sultan de la région de Tiné-Soudan.

Il nous rendra visite quelques jours plus tard pour voir notre Children Center et faire notre connaissance. Comme un heureux présage, Emilie est justement présente à Abéché le jour de sa visite.

Compte tenu de son expérience de présentation du projet avec les chefs de villages soudanais, je laisse à Emilie le soin de mener l'entretien avec le fils du sultan et de recueillir un maximum de renseignements sur la région de Tiné. Encore une fois, elle fait merveille et le contact s'avère très positif. Je prévois donc d'envoyer quelques jours plus tard une équipe à Tiné-Soudan pour identifier les orphelins, qui y sont nombreux d'après le fils du sultan, et les diriger vers notre base d'Abéché.

La mi-octobre arrive et je dois prendre des décisions importantes.

Le départ vers la France est donc prévu pour le 19 octobre, les arrivées d'enfants sont au ralenti et les informations de sécurité sont de plus en plus alarmantes. Après Adré, c'est à Abéché que l'état d'urgence et le couvre-feu général de 18 heures à 6 heures du matin ont été décrétés.

Que faire ?

Partir le 19 octobre avec seulement quatre-vingts enfants, ou prolonger la mission, en prenant plus de risques pour nous laisser le temps d'embarquer les orphelins de Tiné, d'El-Genina ou de Nyala ? Il y a potentiellement une centaine d'enfants identifiés à Nyala, vingt à trente à El-Genina et peut-être cinquante à cent au moins, à Tiné.

La tentation est grande de sauver un maximum d'enfants, mais je ne peux pas non plus exposer ceux qui m'accompagnent. Et puis, rester plus longtemps dépend de la disponibilité de chacun. Certains peuvent prolonger leur présence, d'autres pas car leurs congés se terminent et ils doivent impérativement rentrer en France le 19 octobre pour reprendre le travail dès le 20.

D'autres, comme Alain ou Philippe, se « débrouilleront », ils ont commencé la mission et ont bien l'intention d'aller jusqu'au bout ! En tenant compte de tous ces paramètres, je décide de repousser notre départ d'une semaine. Pas davantage, ça deviendrait trop dangereux. On se donne donc le maximum de délai possible, et je mets la pression sur Emilie pour qu'elle accélère les opérations vers Adré. J'appelle Christophe à Paris pour qu'il organise notre évacuation vers la France pour le 25 ou le 26 octobre. Christophe doit affréter un avion et organiser avec le Cofod notre arrivée.

J'envoie Fadoul en tête d'un convoi terrestre pour rallier Tiné et rapatrier un maximum d'enfants orphelins du nord-Darfour.

Emilie, à Adré, tente de trouver une solution pour transférer les enfants de Nyala et d'El-Genina. Matthias n'est plus là, il a dû rentrer en France, c'est Jedaï qui a pris sa relève à Adré pour gérer la logistique de la base. Marie-Agnès passe aussi plus de temps à Adré pour filmer un maximum de scènes.

A Abéché, l'équipe s'est considérablement réduite, il ne reste plus que Philippe, Nadia, Doudou, Alain, Jacques et moi.

Mais avec une équipe locale de près de cent personnes à Abéché et une quarantaine à Adré, on arrive à maîtriser la situation, même si c'est bien sûr moins facile qu'en début de mission, où l'équipe était plus étoffée.

Nadia et Doudou sont au bord de la rupture mais ils tiendront.

Philippe et Alain sont « au taquet », Jedaï est partout et Marie-Agnès va pouvoir lâcher un peu sa caméra la dernière semaine grâce à l'arrivée de Marc, un journaliste de l'agence Capa.

Et pendant qu'Emilie fait son possible dans un contexte de plus en plus explosif à la frontière du Darfour, je tente de continuer d'orchestrer tout ce petit monde, de ménager les corps et les esprits fatigués par six semaines de mission pour le moins intenses, tout en faisant accélérer le mouvement par cette équipe réduite. Pas simple !

En France, c'est l'effervescence. Christophe, après quelques semaines d'une relative tranquillité depuis notre départ au Tchad, est de nouveau à 150 %. Affréter l'avion tout en préparant l'arrivée est un nouveau challenge.

Tout le monde piaffe d'impatience depuis le 7 octobre, sans se rendre compte de la réalité que nous vivons sur le terrain. Heureusement, le Cofod a également de nombreuses ressources pour préparer l'arrivée, grâce, entre autres, à Christine, Sophie, Rachel, Rodolphe, Catherine, Christelle...

La date de notre retour est définitivement arrêtée par la compagnie aérienne. L'avion, un Boeing 757 de deux cents places, arrivera le 25 octobre à 7 h 30 pour nous ramener en France en début d'après-midi.

Cet avion a été affrété auprès d'une compagnie aérienne européenne qui a demandé et obtenu les autorisations nécessaires pour cette EVASAN auprès du ministère tchadien des transports et des services de l'Assecna. L'affrètement de cet avion, régulièrement déclaré et autorisé, qui se posera à N'Djamena puis à Abéché, ne constitue pas la moindre infraction ou le moindre délit de la part de notre organisation.

Notre projet d'évacuation des orphelins du Darfour vers la France prévoyait, avant d'être arrêté, de présenter les enfants et le personnel humanitaire accompagnant aux services de l'immigration de l'aéroport d'Abéché, comme c'est le cas avant tout embarquement, puis aux services de police français à l'arrivée à l'aéroport de Reims-Vatry pour déclarer l'arrivée des enfants en France et leur permettre ainsi d'obtenir le droit d'asile, conformément à la convention de Genève de 1951.

Le compte à rebours avait commencé. A moi de me débrouiller afin d'obtenir les autorisations nécessaires pour cette opération aérienne. Je demande à notre avocat en France de m'envoyer un e-mail qui confirme la légalité de notre opération par rapport à la législation internationale, afin de ne rien laisser au hasard.

Le 20 octobre, Emilie et Marie-Agnès sont arrêtées par une patrouille tchadienne. Mon sang se glace lorsque je reçois le coup de fil d'Emilie. La situation est si tendue à Adré que les militaires sont sur les dents et n'ont pas apprécié que Marie-Agnès filme de prétendues « installations sensibles », qui ne sont en fait qu'un barrage routier. Emilie arrive finalement à négocier avec le préfet et elles se sortiront des griffes des autorités locales en ne laissant que la dernière bande vidéo de Marie-Agnès.

Les enfants d'El-Genina et de Nyala ne sont pas encore arrivés, mais tant pis. L'avertissement est trop sérieux et la situation trop explosive. Je donne l'ordre à Emilie d'évacuer Adré et de rentrer immédiatement à Abéché avec Marie-Agnès et les quelques enfants arrivés dernièrement.

Jacques évacue en urgence Emilie et Marie-Agnès pendant que les derniers enfants, eux, sont évacués par convoi terrestre.

Le soir même, alors que tout le monde est regroupé sur la base d'Abéché, Fadoul rentre en pleine nuit de Tiné. Il ne rentre pas seul, puisqu'il ramène quinze enfants avec lui. Ce sont des Soudanais de l'ethnie Zaghawa. Ça change ! Jusqu'ici, nous n'avions accueillis que des Massalites et des Tamas.

Mais sur les quinze, trois devront repartir dès le lendemain car après l'interrogatoire habituel mené par Emilie, un « doute sérieux » subsiste sur le réel statut d'orphelins de ces trois-là.

Au dernier compte, nous avons donc recueilli à Abéché 101 orphelins du Darfour. C'est peu au regard de l'objectif ambitieux de 300 que nous nous étions fixé, mais 101 vies d'enfants sauvées, c'est déjà énorme et exceptionnel !

J'effectue une ultime tentative en renvoyant aussitôt Fadoul à Tiné, avec pour objectif de revenir au plus tard le 24 octobre avec un maximum d'orphelins.

Nyala est trop loin, il n'y a plus aucune chance de transférer les enfants à temps, d'autant plus qu'aux dernières nouvelles, la région est sous les bombes.

Emilie souhaite retourner à Adré car elle est partie à la hâte et n'a pas eu le temps de dire au revoir à toute son équipe. Je ne peux pas prendre ce risque, et la laisser prendre ce risque, alors c'est « non », catégoriquement. Si l'arrivée en France se passe bien et que les autorités françaises ne nous font pas d'ennuis pour avoir fait venir des orphelins du Darfour, nous reviendrons en novembre pour une seconde opération et elle aura alors tout le loisir de revoir son équipe. Mais là, pour l'instant, c'est hors de question à cause de l'insécurité qui règne. Par ailleurs, ce n'est pas le travail qui manque à Abéché avec 101 bambins. Il nous faut organiser l'évacuation et trouver des places d'accueil dans le réseau que nous avons établi en France. Il nous faut sélectionner les familles parmi les 260 disponibles, un choix cornélien, et les appeler pour leur expliquer la situation, les problématiques d'âges, de fratrie, de maladies, etc.

Nous avons quelques enfants atteints d'hépatite B, de leishmaniose, de bilharziose ou simplement de sous-nutrition, qui nécessitent des soins particuliers.

Toutes les familles volontaires à l'accueil d'urgence ne sont pas forcément prêtes pour accueillir ces cas.

Un travail long et fastidieux commence, émouvant aussi.

Car parler au téléphone à ces familles que nous n'avons pas revues depuis le 8 septembre, leur annoncer que nous avons réussi à sauver des enfants orphelins du Darfour et que maintenant nous avons besoin d'elles pour prendre le relais, est une forme d'aboutissement.

Nous essuierons très peu de refus, seulement quelques familles qui ne se sentent pas prêtes à accueillir un enfant malade ou, pour certaines, des situations qui ont changé, comme une grossesse en cours depuis peu, une procédure d'adoption à Haïti ou en Colombie et qui vient d'aboutir après plusieurs années d'attente. Il y a donc quelques places d'accueil qui s'envolent, mais ce n'est pas grave, 101 enfants pour 260 familles, nous avons une marge de manœuvre importante et il nous faudra moins de quarante-huit heures pour trouver toutes les places d'accueil nécessaires.

Il reste même encore de la place pour les derniers arrivés que nous attendons de Tiné et d'El-Genina. Nous n'avons aucune nouvelle de Fadoul et de Yassir, mais de toute façon, qu'ils reviennent avec cinq, vingt, cinquante ou même cent orphelins de plus, nous avons de la place dans l'avion et un réservoir de familles suffisant.

Certaines familles seront déçues de ne pas accueillir d'enfant après des semaines d'attente et d'émotions partagées à distance.

Mais l'important, pour tout le monde, est que la mission aboutisse quel que soit le nombre exact d'enfants sauvés. « Qui sauve une vie, sauve l'humanité. »

Pendant que Nadia et Philippe se démènent pour effectuer les derniers bilans médicaux avant le départ, j'ai une énième « surprise » pour Doudou.

J'ai réglé avec le directeur de l'aéroport d'Abéché les derniers détails de notre opération d'évacuation aérienne, la compagnie aérienne ayant obtenu les autorisations de vol nécessaires auprès des autorités de N'Djamena et commandé le carburant pour ravitailler, mais il reste un dernier écueil technique qu'il nous faut absolument surmonter. Un dernier défi à relever ? L'aéroport d'Abéché n'a pas l'habitude de recevoir des avions gros-porteurs tels qu'un Boeing 757, ce n'est même d'ailleurs jamais arrivé. Sur la piste, le « Taxi-Way » (le parking) est trop petit et trop encombré pour qu'un Boeing 757 puisse y stationner et faire demi-tour. Il faudra donc que l'avion stationne sur une aire de dégagement en bout de piste, juste devant la base militaire française.

Le *hic*, c'est que des travaux d'installation d'éclairage de la piste sont en cours et qu'une tranchée de 30 centimètres sépare la piste de l'aire de dégagement. Le directeur de l'aéroport n'a pas d'équipe technique pour reboucher la tranchée d'ici le 25 octobre. Par ailleurs, cette aire de dégagement étant peu utilisée, il faut élaguer les arbres et passer un coup de balai car les réacteurs du Boeing risquent de ne pas apprécier les cailloux, les branchages et les détritus qui ont envahi cet endroit.

De la rigolade tout ça, pour Doudou... Avec une dizaine d'ouvriers, il nous réglera ces « détails » en moins de deux heures. Le vrai défi est ailleurs ! La porte du Boeing 757 se situe à 3,84 mètres du sol selon les informations qui me sont transmises par la compagnie aérienne. La passerelle d'embarquement de l'aéroport d'Abéché ne peut pas dépasser les 2,50 mètres... A moins d'être un spécialiste du saut en hauteur, ce qui n'est ni mon cas ni celui des enfants, nous avons un sérieux problème...

Alors, Doudou, lui qui a répondu à toutes nos sollicitations, même les plus folles, depuis six semaines, est-il capable de nous trouver une solution ? Et comment !

On n'a quand même pas fait tout ça pour buter sur un problème de passerelle ?

Depuis six semaines qu'il parcourt Abéché, il connaît la ville comme sa poche. Aucun étal de marché, aucun artisan caché au fond d'une ruelle n'a plus de secret pour lui. En quelques heures, il nous trouve des tubes métalliques, des planches, un menuisier et un ouvrier soudeur. Un de nos véhicules pick-up Toyota va se transformer en un rien de temps en passerelle d'aviation d'une hauteur très exacte de 3,84 mètres.

Jacques, notre super pilote, soixante-quatorze ans et vingt mille heures de vol à son compteur, n'assistera pas, à son grand regret, à la dernière phase de l'opération, l'évacuation. J'ai besoin de lui pour ramener notre petit avion de brousse jusqu'en France, mais avant cela, je lui demande un dernier service.

Je souhaite qu'il aille à N'Djamena pour accueillir l'équipage du Boeing 757 le 24 octobre au soir, afin de leur faire un briefing sur l'opération du lendemain [1]. Poser un 757 à Abéché, c'est une première, stationner en bout de piste pour un embarquement avec une passerelle « faite maison », ce n'est pas courant non plus, mais réaliser l'évacuation sanitaire d'une centaine d'enfants avec seulement cinq hôtesses de l'air et notre équipe de neuf accompagnateurs, là c'est une opération spéciale qui mérite quelques explications à l'équipage et un briefing sur le déroulement des opérations.

1. Voir document en annexe, p. 206.

L'avion se posera à Abéché à 7 h 30 du matin, vingt bonnes minutes pour le stationnement et la mise en place de la passerelle, une heure environ pour embarquer la centaine d'enfants, encore trente bonnes minutes pour déposer le plan de vol à la tour de contrôle et obtenir les autorisations de décollage et, normalement, si tout se passe bien, avant 10 heures du matin, nous aurons décollé pour la France où nous sommes attendus à l'aéroport de Reims-Vatry à 16 heures.

Jacques nous quitte donc, avec beaucoup d'émotion, dès le 23 octobre pour rejoindre N'Djamena.

Dans la soirée du 23, Fadoul revient de Tiné avec deux nouveaux orphelins.

Emilie s'occupe de l'accueil, Philippe et Nadia assurent les bilans médicaux de ces derniers arrivants et nous voici désormais avec 103 orphelins.

Yassir est toujours à El-Genina, la piste est barrée par les combats, inutile de continuer à l'attendre.

Nous en resterons donc à 103 orphelins du Darfour pour cette première évacuation.

La journée et la nuit du 24 seront entièrement consacrées à la préparation de l'opération d'évacuation.

Je charge Nadia et Doudou de mettre en congé tout le personnel qui n'est pas indispensable sur la base. Même à la veille de l'évacuation, l'opération demeure confidentielle et le secret doit rester bien gardé. Y compris vis-à-vis de nos partenaires, que ce soit l'armée française, le HCR, l'Unicef ou l'OMS. Les seules personnes dans la confidence sont le directeur de l'aéroport, le chef de la gendarmerie et le chef des services de l'immigration de l'aéroport d'Abéché. Elles sont incontournables pour obtenir les autorisations légales nécessaires à notre opération d'évacuation aérienne.

Nous mettrons également dans la confidence les quatre traducteurs et traductrices avec lesquels nous sommes devenus très proches au cours de ces six semaines, Hassan, Sambo, Habiba et Nidjeme.

Emilie tenait absolument à les informer parce qu'ils ont été essentiels à la réalisation de la mission et que nous aurons besoin d'eux pour renouveler l'opération dans l'avenir.

Tous les autres, personnels et partenaires, seront informés a posteriori, tant pis si cela les choque ou les vexe, notre sécurité est à ce prix et jusqu'ici nous avons réussi grâce au secret à échapper à la sécurité soudanaise. La sécurité des enfants en dépend.

La réaction de Sambo et de Hassan est d'ailleurs éloquente, à l'annonce de notre opération d'évacuation. Passé l'effet de surprise, ils comprennent et partagent notre motivation pour cette opération, car pour Hassan il n'y avait rien de pire que de laisser ces enfants dans la brousse.

Mais ils me demandent de leur signer une attestation précisant bien qu'ils n'étaient que traducteurs et qu'ils n'ont pris aucune décision concernant la mission. En effet, Hassan nous explique, à Emilie et à moi, qu'il est inquiet de la réaction de l'ethnie Zaghawa qui est celle du président tchadien, Idriss Déby.

Car même si ces enfants sont des orphelins du Darfour, même s'il n'y a que quatorze Zaghawas sur les 103 enfants, et même si les Zaghawas sont majoritairement implantés au Soudan et ne représentent que 3 % de la population tchadienne, Hassan a visiblement très peur de cette ethnie. Il a peur de représailles. C'est pourquoi l'attestation est indispensable pour garantir sa sécurité. Pas de problème, je donne aux quatre traducteurs, l'attestation nécessaire.

Je sais que ces considérations de sécurité sont bien abstraites pour ceux qui n'ont pas été confrontés à ce genre de situation. Ce n'est qu'une fois que l'on est braqué par une kalachnikov que l'on comprend la réalité de cette Afrique-là.

Donc, même si, par la suite, on m'a reproché mon attachement excessif à la sécurité et à la confidentialité de cette mission, j'ai en toute conscience fait ce que je croyais juste pour garantir la sécurité de mon équipe et des enfants, et, en la matière, je préfère pécher par excès que par défaut. Je préfère les reproches de gens qui ne peuvent comprendre que d'avoir à me reprocher une seule vie perdue !

La nuit du 24 octobre sera la nuit la plus longue de la mission. Une nuit sans sommeil, qui commence par un briefing pour répéter à chacun les dernières consignes et les dernières recommandations avant le « rush » final.

Un ultime tour de table où chacun va livrer à la caméra ses émotions à la veille de la dernière ligne droite. Je me souviens de Nadia qui a du mal à s'exprimer, tellement cette mission est chargée d'émotions, de challenges et de défis incroyables. Cela fait six semaines qu'elle est « sur une autre planète » et elle ne prendra vraiment conscience du chemin parcouru qu'une fois rentrée chez elle...

Le reste de la soirée, et même toute la nuit, est consacré aux derniers préparatifs, aux valises à boucler, aux véhicules à préparer, aux enfants à coucher une dernière fois dans une ambiance survoltée à cause de notre effectif réduit et de l'absence des nounous habituelles... Une dernière nuit intense.

En France, la nuit sera longue aussi. Bon nombre de familles sont déjà présentes à Vatry et toute l'équipe d'organisation du Cofod s'active pour préparer l'arrivée. Les autorités ont été prévenues, le sous-préfet et les gendarmes sont là. Les médias aussi !

Reste une inconnue côté politique. A la veille de notre voyage, je ne sais pas si nos contacts à l'Elysée et dans les ministères ont été informés par Rachel ou Christophe, ou s'ils attendent que nous ayons décollé.

Qui sera là pour accueillir les enfants ? Nous espérions Cécilia Sarkozy, mais nous avons appris le divorce du couple présidentiel. La ministre de la Justice Rachida Dati ? Le ministre des Affaires étrangères, Bernard Kouchner ? Personne ? Nous verrons bien. Cette nuit du 24 octobre est trop chargée pour nous laisser le temps de faire des paris politiques.

Au lever du jour, à 5 h 15, l'équipe se mobilise pour réveiller les enfants et commencer à les faire embarquer dans les véhicules qui nous conduiront à l'aéroport.

Nadia et Emilie peaufinent un dernier détail. Sur les 103 enfants, une dizaine ont des pansements aux bras et aux jambes pour protéger des plaies infectées, ou des cas de leishmaniose.

Mais, pour rendre notre opération d'évacuation sanitaire plus crédible, plus visible, vis-à-vis des personnes qui nous pourrions croiser sur la route ou à l'aéroport, Nadia et Emilie rajoutent une bonne dizaine de bandages afin d'avoir au minimum deux ou trois enfants bandés par voiture.

Les trois journalistes, Marc, Marie-Agnès et Jedaï, immortalisent ces derniers instants dans notre base.

Avec Hassan, je termine le chargement du pick-up qui emmènera tous nos bagages, et Doudou s'occupe du pick-up qui porte la passerelle.

Six heures du matin, fin du couvre-feu à Abéché, nous sommes prêts au départ, tout le monde est en voiture.

Mais juste au moment où je me prépare à ouvrir le portail, un des véhicules ne démarre pas. En panne !

Ce n'est vraiment pas l'heure de faire de la mécanique, et on décide de transférer les passagers dans les sept autres véhicules. C'est le dernier contretemps. Il est 6 h 10 quand le premier véhicule franchit le portail. On est parti.

Chapitre 12

Une arrestation arbitraire

A peine à la moitié du chemin qui sépare notre base de l'aéroport, aux environs de 6 h 15, Alain qui est dans le dernier véhicule du convoi nous avertit par radio qu'un véhicule de police remonte le convoi à vive allure. Un coup d'œil dans le rétro et je vois effectivement les gyrophares du véhicule de police qui arrive à ma hauteur. Marc, était en train de filmer le convoi et notamment le « véhicule passerelle », conduit par Doudou, en tête de convoi. Il pose immédiatement sa caméra au sol. Dans cette région, la police, tout comme l'armée, n'aime pas les caméras, nous en avons déjà fait l'expérience. Le véhicule de police double le véhicule de tête de convoi et se met en travers de la route pour nous arrêter.

Plus de doute, c'est vraiment nous qu'il poursuivait.

Au même moment, je reçois un coup de téléphone de Jacques, qui est à N'Djamena, pour annoncer que le Boeing 757 vient de décoller et qu'il arrivera à Abéché dans un peu plus d'une heure.

Une fois le convoi stoppé, je descends de mon véhicule pour aller au-devant des policiers afin de leur expliquer que nous nous rendons à l'aéroport. Le commandant de police me rétorque qu'il le sait, mais qu'il a reçu des instructions et que nous devons le suivre jusqu'au commissariat central. Sans plus d'explication, il m'ordonne de remonter dans mon véhicule et de le suivre. Un policier, armé d'une kalachnikov, monte dans le véhicule de Doudou en tête de convoi, le véhicule du commandant de police se met devant pour nous guider jusqu'au commissariat, pendant qu'un second véhicule de police reste en queue de peloton pour s'assurer qu'aucun de nos neuf véhicules ne prenne une autre direction.

Nous sommes à peine à cinq minutes du commissariat, tout juste le temps nécessaire pour appeler Christophe, en France, pour le prévenir de ce qui se passe. Je n'ai pas plus d'informations pour le moment, je le rappellerai quand j'en saurai plus....

Le convoi s'engouffre dans la cour du commissariat d'Abéché, une dizaine de policiers nous attendent, kalachnikov au poing. Je demande à tous de rester dans leur véhicule, et je descends pour discuter à nouveau avec le commandant de police. Celui-ci ne veut visiblement pas discuter, et me demande d'attendre l'arrivée du préfet qui est en chemin. Mon téléphone sonne à nouveau, cette fois c'est le responsable de la compagnie aérienne, au Luxembourg, qui m'appelle pour m'informer que le Boeing 757 est en vol pour Abéché. Je lui explique que nous venons d'être arrêtés par la police et que je le rappelle dès que j'ai plus d'informations.

Une demi-heure après notre arrestation, le préfet d'Abéché arrive au commissariat et m'interpelle aussitôt : « Qu'est-ce que c'est que ce trafic d'enfants ? » J'essaie de lui expliquer qu'il s'agit d'une évacuation aérienne d'enfants orphelins du Darfour, et je veux lui présenter les documents d'autorisation que nous avons reçus de N'Djamena par la compagnie aérienne. Le préfet ne m'écoute pas et n'a visiblement que faire de mes explications. Le commandant de police lui explique qu'il a recensé neuf « Blancs » et 103 enfants. Il n'a visiblement pas pris la peine de compter la dizaine de Tchadiens, chauffeurs et traducteurs, qui nous accompagnent. Le préfet repart aussitôt en nous indiquant qu'il est attendu chez le gouverneur.

J'appelle de nouveau Christophe pour lui expliquer la tournure des événements afin que, au besoin, il prévienne Céline, notre avocate, et Rachel, notre liaison avec le « monde politique ». J'appelle également le directeur de l'aéroport d'Abéché, avec qui j'ai noué d'excellentes relations depuis plusieurs semaines, afin qu'il intervienne auprès du préfet. Il me répond qu'il va l'appeler tout de suite pour « dissiper le malentendu ».

Entre-temps, les enfants commencent à descendre des véhicules et cela se transforme en cohue dans l'enceinte du commissariat. Plus l'heure avance et plus le stress gagne l'équipe. J'essaie de les rassurer en leur expliquant que nous sommes partis en avance pour pouvoir justement faire face à ce genre de contretemps.

Il est déjà 8 heures quand le commandant de police me demande de monter dans un véhicule pour m'emmener chez le gouverneur. L'avion doit être arrivé depuis une bonne demi-heure, le temps presse. Je profite du trajet pour rassembler tous mes arguments afin de convaincre le gouverneur en un minimum de temps.

Arrivés à la résidence du gouverneur, on me fait patienter dans un bureau. Les minutes passent.

Un officier vient enfin me chercher pour me conduire au bureau du gouverneur. Là, je découvre avec surprise qu'une quinzaine de personnes sont réunies et m'attendent. On me fait asseoir sur une chaise au centre de la pièce, face à toutes les personnes assises en arc de cercle.

Aux côtés du gouverneur, que je reconnais pour l'avoir rencontré il y a quelques semaines lorsque nous avions fait valider nos autorisations de circuler, je retrouve le préfet. Il y a également le chef de la police, le chef de la gendarmerie, le commandant du détachement militaire, le procureur général d'Abéché, le sous-préfet, le représentant du ministère de la Santé, une représentante du ministère des Affaires sociales. Plus quelques autres personnes que l'on ne me présente pas. Il y a aussi deux représentantes du HCR, une Européenne et une Africaine, que je ne connais pas malgré les nombreuses heures que j'ai pu passer dans les locaux du HCR à Abéché.

Le gouverneur prend la parole et explique qu'il a été averti par ses services d'un « trafic d'enfants ». J'essaie aussitôt de répondre mais il me fait vite comprendre que je n'ai pas la parole. Après une brève allocution pour introduire le sujet, le gouverneur passe la parole au préfet qui explique à son tour qu'il a été informé hier soir de cette opération de « trafic d'enfants » organisée par des Blancs.

Le procureur général renchérit en confirmant qu'à l'évidence il s'agit bien d'une opération illégale de « trafic d'enfants ».

Là, je crois que j'ai compris, notre opération d'évacuation a avorté. Face à ce qui s'apparente à un tribunal de l'Inquisition, il m'est impossible d'argumenter et de changer le cours des choses.

La porte s'ouvre, un officier fait entrer Emilie et Doudou qui viennent d'être amenés à leur tour du commissariat, et les fait asseoir juste derrière moi. Le tour de table reprend, avec les mêmes accusations de « trafic d'enfants ». Emilie tente à son tour de répondre, mais comme pour moi, on lui fait vertement comprendre qu'elle doit se taire, « surtout en tant que femme » !

Après les interventions successives du chef de la police, du représentant de la Santé, puis de celle des Affaires sociales, une des deux représentantes du HCR tente timidement de dire au gouverneur qu'il ne s'agit peut-être pas d'une opération de trafic et qu'il devrait nous demander plus d'explications sur la procédure que nous avons suivie pour organiser cette opération d'évacuation. Le gouverneur reprend la parole, écarte l'hypothèse soulevée et confirme que de l'avis général il s'agit bien d'une opération de trafic d'enfants. Il ordonne immédiatement au commandant de l'armée de saisir le Boeing 757, puis il demande au procureur général de faire procéder à l'arrestation des « Blancs » auteurs de ce trafic pour qu'ils soient traduits devant la justice.

Aussitôt les ordres du gouverneur donnés, Emilie, Doudou et moi sommes reconduits au commissariat. En chemin, Emilie me demande pourquoi je les ai fait venir tous les deux chez le gouverneur, car c'est à ma demande, prétendument, que le commandant de la police les a amenés devant le « tribunal de l'Inquisition ». Je n'ai rien demandé du tout, d'ailleurs je n'ai même pas eu la parole !

Arrivés à proximité du commissariat, les grilles sont fermées et une foule de plusieurs centaines de personnes est massée devant. Le véhicule s'enfonce lentement dans la foule puis s'immobilise devant la grille. Le gardien semble surpris et ne sait visiblement pas où est la clé. Il faudra plusieurs minutes avant qu'il la retrouve. Pendant ce temps, la foule nous aperçoit dans le véhicule et se met à gronder. Les coups de poing et les coups de pied commencent à pleuvoir sur le véhicule, principalement sur les vitres, et on entend fuser les « Trafiquants d'enfants ! »... « On va vous tuer ! »... Je prends Emilie dans mes bras pour la protéger en cas d'explosion d'une vitre, et ces quelques secondes avant l'ouverture de la grille nous paraissent à tous les trois une éternité...

Mais d'où sort cette foule hostile ? Radio Abéché ?

Une fois à l'abri dans l'enceinte du commissariat, j'explique aux autres membres de l'équipe ce qui s'est passé chez le gouverneur. L'opération a manifestement avorté.

J'appelle Christophe à Vatry, il me passe aussitôt Céline qui me dit qu'elle vient d'avoir le gouverneur au téléphone et qu'elle lui a expliqué la légalité de notre opération et qu'elle s'apprête à lui faxer les documents justificatifs. « Les choses vont s'arranger... »

Les minutes passent, les heures aussi. La police a saisi nos passeports et nos téléphones (sauf quelques-uns bien cachés). Puis elle emmène les enfants dans un autre endroit. La cour du commissariat est devenue le théâtre d'une véritable cohue. En plus des policiers, il y a là un certain nombre de civils qui nous font des signes sans ambiguïté sur leur envie de nous trancher la gorge. Pour nous mettre à l'abri, un commissaire nous emmène tous les neuf dans son bureau.

Les visites des « notables » se succèdent pour observer ces neuf « Blancs » dans le bureau, tels des animaux dans une cage. En début d'après-midi, c'est le ministre de l'Intérieur qui nous rend visite. Dans un discours très policé, il condamne ce trafic d'enfants mais nous souhaite néanmoins la « bienvenue au Tchad ». Surréaliste !

Grâce à un téléphone dissimulé, nous allons tour à tour aux toilettes pour appeler la France et tenter d'obtenir des informations. Céline me dit que le gouverneur n'a rien voulu entendre de ses explications. Tiens donc ? Ça m'étonne...

Marc a réussi à joindre sa rédaction (l'agence CAPA), la nouvelle de notre arrestation fait grand bruit dans les médias, et les politiques sont sur la brèche, du Quai d'Orsay à l'Elysée...

Neuf Français arrêtés au Tchad pour trafic d'enfants, ça va faire du bruit. Forcément. Mais avec tous les soutiens que nous avons en France, y compris au niveau politique et dans les médias qui suivent notre opération depuis des mois, cette accusation stupide ne tiendra pas longtemps et notre action en faveur des orphelins du Darfour finira bien par prendre le dessus....

Dans l'après-midi, deux policiers partent avec notre véhicule-passerelle. Il faut dire que depuis le matin ce véhicule est l'objet de toutes les curiosités, personne ne reste indifférent devant l'ouvrage. Une heure plus tard, le véhicule revient. Mais où était-il parti ? Quelques minutes après, les membres de l'équipage du Boeing 757 arrivent dans le bureau du commissaire. Eh oui, forcément, ils avaient besoin de notre passerelle pour faire descendre l'équipage de l'avion qui était enfermé depuis plus de sept heures sans pouvoir descendre du Boeing !

Ils sont 7 Espagnols, le commandant, son second, 4 hôtesses de l'air et un steward. Ils ne comprennent rien à ce qui se passe ni ce qu'ils font là. Et pour cause...

Nous voici désormais seize individus entassés dans le bureau du commissaire qui doit faire une douzaine de mètres carrés. Plus le commissaire, son adjoint, une ribambelle permanente de visiteurs qui se relaient... Indescriptible...

Le commissaire entreprend alors de répertorier nos identités : nom, prénom, âge, profession, adresse, nom des parents, situation de famille. Interrompu à peu près toutes les deux minutes par son téléphone ou par un visiteur qui frappe à la porte, il a visiblement beaucoup de mal à garder le contrôle de la situation.

Dans ce contexte, le seul relevé de nos identités ne va pas être simple, et va prendre un petit peu de temps.

A 5 heures le lendemain matin, il n'a toujours pas fini !

Heureusement qu'entre-temps nous avons pu donner un peu d'argent à un de nos chauffeurs pour aller nous acheter de l'eau et des sandwichs. Nous passons tous les seize la nuit sur la terrasse pavée devant le bureau du commissaire.

Alain, qui souffrait depuis plusieurs jours d'une sciatique, se retrouve le dos bloqué à cause de cette nuit passée sur les pavés... Et Jacques... Qu'est-il devenu ? Est-il toujours à N'Djamena ? Non, j'espère qu'il a pu décoller avec notre avion pour rallier le Niger et rentrer en France...

Nous sommes déjà le 26 octobre, aux environs de 8 heures, et après quelques heures de sommeil rudimentaire, les policiers nous font monter dans trois véhicules. Le commissaire n'a toujours pas fini de prendre nos identités. « Tant pis ! » s'exclame-t-il. Nous espérons, un bref instant, qu'ils nous emmènent à l'aéroport, mais les véhicules n'en prennent pas le chemin, ils vont à l'opposé. A peine quelques minutes de route et nous entrons dans une grande enceinte, entourée de murs, où nous attendent de nombreux policiers et militaires. Au fond du terrain, un grand bâtiment d'une vingtaine de mètres de long dont les murs sont composés de barreaux. Une prison ? Non, c'est le Centre d'action sociale où ont été conduits les enfants. On les aperçoit à travers les barreaux. Les policiers nous emmènent à l'intérieur, les enfants nous aperçoivent et se jettent dans nos bras, avant d'être « chassés » *manu militari* par nos geôliers qui rassemblent les enfants sur un des côtés de ce hall aux murs en barreaux. Nous sommes tous les seize alignés de l'autre côté du hall, face aux enfants. Des policiers nous passent les menottes devant les enfants, médusés, qui se mettent à pleurer. Les policiers continuent de regrouper les enfants en les bousculant, amplifiant ainsi les cris et les pleurs. Il n'y a pas assez de menottes pour tout le monde. Philippe et Doudou sont menottés individuellement, Nadia est menottée avec Alain, Marie-Agnès avec Jedaï et Emilie avec moi. Marc, le journaliste arrivé depuis huit jours seulement, est habillé en civil, il ne porte pas l'uniforme CHILDREN RESCUE et échappe ainsi aux menottes, tout comme les sept Espagnols. C'est alors qu'arrive une caméra de télévision qui nous filme menottes aux poignets avec, pas très loin, tous les enfants qui pleurent.

L'agitation se fait plus importante à l'extérieur, de nombreuses voitures arrivent, sirènes hurlantes. Les travailleurs sociaux et les policiers commencent alors à distribuer de l'eau et des gâteaux aux enfants pour les calmer. Dès que la « chorale » s'éteint, une foule d'officiels entre dans le hall et s'écarte pour faire place au président de la République, M. Idriss Déby en personne.

Il s'approche des enfants, apaisés par les gâteaux, et en salue quelques-uns devant la caméra avant de se diriger vers nous. Il se plante devant moi et fait une brève allocution pour déclarer que nous sommes des « trafiquants d'enfants », des « pédophiles » et des « trafiquants d'organes ». J'essaie de lui répondre qu'il se trompe et que nous sommes intervenus pour venir en aide aux enfants du Darfour. Il m'arrête et me dit que ce sont des enfants tchadiens et que les parents ont déjà été retrouvés. La caméra se tourne alors vers une femme qui porte dans ses bras le plus jeune de nos 103 enfants, qui a à peine dix-huit mois. Emilie me demande si j'ai reconnu cette « mère » qui n'est autre que la représentante des Affaires sociales qui était la veille chez le gouverneur. Je veux répondre au président mais c'est trop tard, il a tourné les talons et s'en va. Plus besoin de réponse maintenant, tout est dans la « boîte ». La mise en scène est complète. Parfaite ! Ces images chocs vont pouvoir faire le tour du monde, à commencer par le Tchad et la France, et nous présenter ainsi comme des « voleurs d'enfants », des « pédophiles », et des « trafiquants d'organes », les pires criminels qui soient...

Le président et son cortège de ministres et d'officiels repartent, les policiers nous poussent à l'extérieur du hall et nous alignent le long d'un mur dans la cour, comme pour un peloton d'exécution. Les enfants se remettent à pleurer en nous voyant partir. C'est vraiment insoutenable. Le ministre de l'Intérieur vient s'adresser à nous, lui qui était plutôt courtois la veille dans le bureau du commissaire paraît beaucoup plus véhément et nous tient à peu près le même discours que le président. Puis, le vice-président s'approche de Marc et se demande pourquoi celui-ci n'est pas enchaîné comme les autres, il mérite « le même sort »...

D'autres policiers, de la garde présidentielle ceux-là, nous font monter à nouveau en voiture. On nous fait asseoir à six dans la benne d'un pick-up et trois policiers montent avec nous. Les véhicules démarrent à vive allure et nous ramènent au commissariat. Pendant le trajet, un des policiers frappe Marie-Agnès à la tête. Chacun baisse la tête pour éviter les « caillassages » d'une foule hostile à l'extérieur mais rien ne nous protège des policiers ! Les coups commencent à pleuvoir. Je protège Emilie, je mets ma main et mon bras au-dessus de la tête de Marie-Agnès pour amortir les coups. Je reçois alors plusieurs coups de rangers dans le dos. Arrivés dans la cour du commissariat, les policiers nous poussent hors de la benne,

Marie-Agnès reprend une gifle, je reçois un coup de poing ou de crosse, je ne sais pas, ça vient de derrière, en plein dans l'oreille.

Je suis étourdi par le coup mais toujours menotté à Emilie, alors je la pousse devant moi pour l'encourager à vite regagner le bureau du commissaire. Alain, toujours menotté à Nadia, a du mal à descendre du véhicule, à cause de sa sciatique. Un policier le frappe, il s'effondre. Un autre policier arrive avec un fouet à la main et commence à le cogner pour qu'il se relève et avance. Alain gémit sous les coups que l'on entend claquer de loin, Nadia crie et l'aide tant qu'elle peut à avancer.

Notre aventure vient de tourner au cauchemar !

A partir de cet instant, compte tenu de la violence qui nous entoure, notamment de gens armés, tout peut arriver ! Et le cauchemar peut très bien virer au drame.

Chapitre 13

Un mauvais vaudeville

De retour dans le bureau du commissaire, celui-ci recommence ses interrogatoires pour finir de prendre nos identités. Comme la veille, la foule de visiteurs et les coups de téléphone n'arrêtent pas. Cela durera encore toute la journée.

En début d'après-midi, nous recevons la visite de la ministre des Affaires sociales très en colère. Elle nous traite de racistes, de négriers, de marchands d'esclaves, et elle souhaite que nous soyons « pendus rapidement », avant de s'en prendre à une des hôtesses espagnoles qui ne comprend pas un mot de français mais qui s'effondre en larmes devant une haine aussi perceptible.

Quelle ironie... Nous les « Blancs », venus dans cette contrée hostile pour sauver des enfants « noirs » voués à une mort certaine, passons pour des racistes et des négriers. Le comble de l'injustice.

Comme la veille, Marc, Alain et moi appelons la France toutes les deux heures pour tenter d'obtenir des informations.

Les images du président Déby commencent à circuler. Malgré les explications données aux médias par Christophe, Céline, Christine et les autres, l'affaire prend mauvaise tournure.

Rama Yade, secrétaire d'Etat française aux Droits de l'homme du Quai d'Orsay, déclare à la presse française qu'elle condamne notre opération humanitaire qu'elle qualifie de « clandestine » et « illégale ». Ça passe en boucle dans les médias et finit de convaincre l'opinion publique après les propos du président Déby.

Cette fois, notre compte est bon !

Les autorités françaises viennent d'emboîter le pas aux autorités tchadiennes et condamnent ouvertement « ces criminels voleurs d'enfants ». Les médias s'en donnent à cœur joie. Comme pour enfoncer le clou, les responsables de l'Unicef, la sacro-sainte branche onusienne chargée des enfants, déclarent, vingt-quatre heures seulement après notre arrestation, que ces enfants étaient tous tchadiens.

Alors que l'enquête de police n'a même pas démarré, alors qu'aucune explication n'a été demandée ou fournie, alors qu'on n'a même pas terminé de prendre les identités des seize Européens munis de passeports, l'Unicef a déjà identifié comme étant tchadiens 103 enfants, dont un certain nombre en bas âge et qui ne parlent pas le français.

Décidément, les médias ont raison ces « zozos de Zoé » sont vraiment des amateurs. Cela ne peut être autrement. Tous les coups sont permis. Bien que la loi l'interdise, pour protéger la présomption d'innocence, les images où nous sommes menottés sont sur toutes les chaînes. Les photos menottes aux poings font la une de certains quotidiens nationaux français. Nous sommes devenus des « criminels » et des « coupables avant tout ». Et bien sûr, ni les associations de défense des droits de l'homme ou de la justice, ni les autorités de contrôle des médias ne réagissent.

Dans l'après-midi du 26 octobre, un journaliste tchadien obtient du commissaire, on ne sait comment, l'autorisation de nous filmer dans son bureau et même de m'interviewer. Je profite de cet instant de parole pour expliquer qu'il ne s'agit absolument pas d'un trafic d'enfants tchadiens mais, au contraire, d'une opération de sauvetage d'orphelins du Darfour. J'en profite également pour parler des mauvais traitements que nous avons subis le matin. Je ne sais pas si ce message sera diffusé sur les chaînes françaises, mais la vidéo passera sur un site Internet, avant de disparaître deux heures plus tard... Curieux ! Nos paroles sont vite étouffées et noyées dans la marée des slogans « opération clandestine et illégale ». La version officielle demeure la plus forte.

Marc profite du passage de ce journaliste qui, en fait, a été envoyé par sa rédaction, pour lui donner, discrètement, toutes les bandes vidéo de ses enregistrements de la semaine ainsi que son ordinateur portable sur lequel il a fait une sauvegarde des enregistrements vidéo de Marie-Agnès. Sauver ainsi les vidéos a un double intérêt ; d'une part, empêcher les Tchadiens de mettre la main dessus et d'utiliser des bouts de scènes, comme par exemple les faux bandages, le matin du départ, pour en faire des « preuves à charge ». D'autre part, faire sortir ces bandes et les faire envoyer à la rédaction de Marc est notre seule chance de démontrer que nous n'avons pas « volé » ces enfants qui nous ont bel et bien été confiés définitivement par des chefs de village soudanais.

En tout, il y a plus de trente heures d'enregistrements qui montrent comment les enfants nous ont été amenés et présentés comme orphelins du Darfour par des chefs soudanais. Il y a même une longue interview de près d'une heure d'un des chefs qui explique en détail le drame en cours au Darfour. Ces images sont la meilleure preuve que nous ne sommes pas des trafiquants, mais que nous avons bien organisé une opération de sauvetage d'orphelins du Darfour telle que nous l'avions annoncée depuis plusieurs mois.

Il ne reste qu'à attendre que ces images remontent à Paris pour permettre de faire éclater la vérité et mettre fin à cette cabale politique et médiatique.

Dans la soirée du 26, nous sommes toujours tous les seize sur la terrasse pavée, devant le bureau du commissaire. Celui-ci a enfin terminé de prendre les identités et commence alors mon interrogatoire sur le fond. Continuellement interrompu, cela prend des heures et durera tard dans la nuit... C'est digne d'un sketch. Je me souviens lui avoir dit que « nous avons affrété l'avion auprès d'une compagnie luxembourgeoise qui nous a loué le Boeing 757, immatriculé en Finlande, avec un équipage espagnol ».

Le commissaire a tout juste le temps de noter « nous avons affrété l'avion auprès d'une compagnie » puis nous sommes interrompus par un visiteur et on me fait sortir du bureau. Je rejoins alors l'équipe sur la terrasse. Un quart d'heure plus tard, on vient me chercher à nouveau pour poursuivre l'interrogatoire. Je reprends ma phrase : « Nous avons affrété... », le commissaire écrit « luxembourgeoise » puis le téléphone sonne. Un ministre. On me fait sortir du bureau. On revient me chercher vingt minutes plus tard, je retourne dans le bureau où le commissaire est en discussion avec un nouveau visiteur. La discussion dure dix bonnes minutes avant que le commissaire reprenne là où nous en étions restés. Il reprend ses notes « Boeing 757, immatriculé en Finlande ». Le téléphone sonne de nouveau et une fois encore, on me demande de sortir. En près de deux heures, le commissaire a écrit neuf mots et je n'ai toujours pas fini ma phrase...

Toute l'équipe est surprise chaque fois que je ressors du bureau et que je leur dis que je n'ai pu placer qu'un mot et que je n'ai toujours pas fini ma phrase. Tout cela est tellement surréaliste, irréel même. Et cela durera une bonne partie de la nuit.

Puis ce sera au tour d'Emilie d'être entendue, jusqu'à 5 heures du matin où le commissaire décide enfin de faire une pause.

Les interrogatoires durent encore toute la journée du samedi. Le commissaire décide de nous trouver un endroit « plus approprié » que la terrasse et nous sommes transférés dans un grand bureau, vide, de 4 mètres sur 6, à 20 mètres du bureau du commissaire. On nous donne deux grandes nattes pour mettre au sol. Voilà donc notre nouvelle « salle d'attente ». Il y a également une terrasse, la même que la première. Vingt-quatre mètres carrés couverts plus 15 mètres carrés de terrasse, notre espace s'est considérablement agrandi.

Dans l'après-midi du samedi, le consul de France nous rend visite pour s'assurer de nos conditions de détention. Il n'est visiblement pas autorisé à nous parler, ni même simplement à nous dire « bonjour », il jette juste un regard et s'en va.

Nous sommes tous très surpris par la scène et espérons qu'il va revenir pour nous parler. Nous attendrons en vain...

Un peu plus tard, c'est un médecin-colonel de l'armée française qui nous rend visite. Nous le connaissons bien pour l'avoir rencontré à de nombreuses reprises et partagé quelques soirées sur notre base ou sur la base militaire. Il vient s'enquérir de l'état de santé d'Alain, toujours allongé et paralysé par sa sciatique. Il négocie alors avec le commissaire de nous apporter un matelas pour Alain, ainsi que des rations de nourriture et des produits d'hygiène. Le commissaire accepte après avoir reçu le feu vert de sa hiérarchie, en l'occurrence le procureur général d'Abéché.

La visite quotidienne des militaires français est une véritable bulle d'oxygène. Dans un climat permanent de tension et de stress dû à l'hostilité qui nous entoure, la présence de nos militaires pendant vingt à trente minutes est le seul moment de la journée où l'on se sente vraiment en sécurité. Le reste du temps, tout peut arriver.

Enfermés dans ce local, nous n'avons aucune idée de ce qu'il se trame en ville, à N'Djamena ou en France. Marc sait seulement par sa rédaction que notre affaire bat tous les records d'audience en France. Sans doute même au-delà de nos espérances ! Le bémol, c'est que les projecteurs sont braqués sur des « trafiquants d'enfants tchadiens » et non pas sur les enfants du Darfour.

Les interrogatoires se poursuivent encore le dimanche. Et c'est le commandant de bord espagnol qui nous met la puce à l'oreille au retour du sien. Il a refusé de signer sa déposition car il a remarqué que le commissaire prenait nos dépositions au crayon de papier mais qu'il nous les faisait signer au stylo... On comprend le piège tendu. Hors du contexte, avec du recul, c'est tellement flagrant ! Mais sur l'instant, la situation est à ce point stressante lors de nos interrogatoires qu'on s'est tous fait piéger !

Quelques heures plus tard, le commandant espagnol est à nouveau appelé dans le bureau du commissaire pour signer sa déposition qui, cette fois, est tapée à la machine. En la relisant, il découvre que « C'est Cécilia Sarkozy qui a organisé l'opération et affrété l'avion ». Bien évidemment, il refuse à nouveau de signer et de cautionner cette manipulation.

Dans l'après-midi, nous recevons une nouvelle visite, la ministre tchadienne des Droits de l'homme accompagnée de journalistes. Dans un bref discours, elle nous lance : « Compte tenu des accusations qui pèsent sur vous, vous êtes avant tout présumés coupables. » Merci beaucoup, Madame la ministre des Droits de l'homme de votre humour ! Cela dit, nous avions depuis longtemps compris que la conception des droits de l'homme au Tchad est très éloignée de la Déclaration universelle...

Le lundi matin, nous sommes transférés dans les locaux du procureur général. Après les événements de vendredi dernier lors de la visite du président Déby, chaque déplacement en ville est une angoisse pour toute l'équipe et, cette fois, nous refusons de monter dans les pick-up. Ce seront donc les 4 × 4 de CHILDREN RESCUE qui serviront à nous transporter. Arrivés chez le procureur, nous sommes entassés tous les seize dans une pièce de 9 mètres carrés et devrons patienter toute la journée avant qu'en fin de soirée, le procureur nous auditionne enfin, un à un, juste pour nous signifier qu'il nous accuse de « tentative d'enlèvement d'enfants tchadiens en vue de compromettre leur état civil » ainsi que d'« escroquerie ». Après être passés un par un dans le bureau du procureur, nous sommes reçus par le juge d'instruction qui nous met tour à tour en examen pour les mêmes motifs.

Les plus désappointés sont les Espagnols qui ne comprennent vraiment pas pourquoi ils sont là. Des conventions internationales protègent les membres d'équipage des compagnies aériennes civiles et en aucun cas on n'aurait dû les arrêter de manière aussi arbitraire. Mais ici, les conventions internationales n'ont pas de valeur et la loi est décidée par le gouverneur. On est revenu au Moyen Age.

A la fin des auditions, qui ont duré toute la nuit, le juge semble bien embêté. Il ne semble pas savoir quoi faire de nous car la prison d'Abéché ne semble pas très propice à nous garantir un minimum de sécurité.

En début de matinée, il décide de nous renvoyer au commissariat, dans le local où nous avions été abrités jusque-là. C'est un soulagement pour l'équipe, surtout pour les filles qui étaient terrorisées à l'idée d'être séparées des hommes de l'équipe et de se retrouver à la merci de n'importe quel geôlier...

Nous voici donc de retour au commissariat, dans notre local de 4 mètres sur 6 avec terrasse... L'armée française nous apporte toujours les rations quotidiennes d'eau et de nourriture, mais cette fois, nous amène également seize matelas ! Quelle bonne idée, nous allons enfin ne plus dormir par terre sur des pavés. Un peu de confort dans ce monde de brutes...

Après notre mise en examen, le commissaire entreprend de commencer l'enquête et reprend les interrogatoires, pour poser des questions sur le « fond », sur l'origine de notre opération et sur les actions que nous avons menées. Enfin, se dit-on, on s'intéresse aux faits et non plus à la propagande médiatique.

Je suis appelé le premier, logique, en tant que chef de mission, et je commence à répondre aux questions en tentant d'expliquer à mes deux interlocuteurs, le commissaire et son adjoint, l'origine et la motivation de notre opération d'évacuation d'orphelins du Darfour. Pour la première fois depuis notre arrestation, j'ai l'impression que l'on daigne écouter notre version des faits plutôt que la mascarade destinée aux médias. Après deux heures d'interrogatoire, je rejoins l'équipe, nous poursuivrons le lendemain.

Le lendemain matin, je suis de nouveau appelé dans le bureau du commissaire. Cette fois-ci, en plus du commissaire et de son adjoint, il y a l'un des policiers qui a procédé à notre arrestation le matin du 25 octobre, ainsi que deux autres, en costume très chic, qui arrivent de N'Djamena pour contrôler l'enquête à la demande du ministre de l'Intérieur

L'interrogatoire reprend là où nous en étions restés la veille, mais très vite, le premier policier s'énerve et n'apprécie pas ma déclaration.

Il me frappe au visage, je me lève alors de ma chaise comme par réflexe mais un coup de poing dans le ventre me rassoit immédiatement. Puis, c'est un coup de rangers en pleine poitrine qui me fait basculer de ma chaise en arrière. Je reste allongé au sol, feignant d'être blessé, et demande au commissaire, qui jusque-là avait été le seul à manifester un peu de bienveillance à notre égard, d'appeler le consul de France. Le commissaire et le policier quittent la pièce et je les entends dans la pièce d'à côté échanger leurs points de vue. Le commissaire n'est pas d'accord avec ces méthodes et ne veut plus le voir aux interrogatoires.

Le commissaire revient dans le bureau, seul, et s'excuse de ce qui s'est passé en me promettant que cela ne se reproduira plus. Est-il sincère ou est-ce juste une technique d'interrogatoire ? J'essaie de me persuader de sa sincérité, car je ne veux pas imaginer Emilie ou Nadia subir ce genre d'interrogatoire « musclé ».

Le commissaire reprend ses questions, puis c'est au tour des deux inspecteurs de N'Djamena de poser les leurs, un peu plus précises, cherchant à démontrer quelque chose. Ils veulent me faire dire que les 103 enfants sont tchadiens, ce à quoi je leur réponds que non, ces enfants sont soudanais. Je leur donne même les détails de leur village d'origine ainsi que le nom des chefs de village soudanais qui nous les ont amenés.

Un des inspecteurs va alors chercher un témoin. Il s'agit de Mahamat Eritero, un colonel de l'armée tchadienne. Je le reconnais tout de suite puisque je lui ai loué deux véhicules 4 × 4 et que je l'ai missionné pour aller dans la région de Tiné-Soudan avec Fadoul, il y a dix jours de cela.

Mahamat Eritero prétend alors devant les policiers qu'il nous a confié des enfants tchadiens pour une durée de deux semaines et qu'il ne savait pas que nous allions les « enlever ».

Je tombe des nues face à ce témoignage surprenant, mais la réponse est assez facile. J'explique au commissaire que Mahamat Eritero est parti en mission à Tiné pour rechercher des orphelins du Darfour en compagnie de notre coordinateur, Fadoul. Ils sont revenus au bout de trois jours, avec une quinzaine d'enfants que Mahamat Eritero lui-même nous a présentés comme des orphelins soudanais.

Je précise que Fadoul, mais aussi Emilie qui a participé à l'accueil des enfants, ainsi que Marc qui a filmé la scène, peuvent en témoigner.

L'adjoint du commissaire sort quelques instants puis revient en compagnie de Fadoul.

Fadoul explique qu'il est effectivement parti, à ma demande, en mission à Tiné-Soudan, pour rechercher des orphelins du Darfour, en compagnie du colonel Mahamat, car celui-ci connaît très bien la région pour en être originaire. Fadoul confirme également que la mission a duré trois jours et qu'ils nous ont ramené une quinzaine d'orphelins soudanais. Un des inspecteurs de N'Djamena met alors fin à la confrontation, il remercie Mahamat Eritero d'une poignée de main et demande au commissaire de mettre Fadoul au cachot !

Le message est très clair, quiconque contredira la version officielle finira au cachot. Qu'on se le dise !

A mon retour auprès de l'équipe, Emilie me dit qu'elle a vu un policier conduire Fadoul au cachot et je lui explique alors pourquoi.

Stupéfaction et consternation générales.

Je me garde bien d'expliquer le début de mon interrogatoire.

Puis Emilie est appelée à son tour pour être interrogée. Je me ronge les sangs en espérant qu'elle ne sera pas brutalisée. Elle revient moins d'une heure après, satisfaite d'avoir répondu à toutes les questions. Toute l'équipe sera ainsi interrogée, la plupart du temps sur des questions très superficielles par rapport à l'importance de l'affaire et la gravité des accusations.

Les jours passent et l'équipage espagnol supporte de moins en moins cette situation. Seuls deux d'entre eux parlent un peu français et peuvent échanger avec nous, les autres sont enfermés dans une bulle d'incompréhension.

Le jeudi après-midi, une semaine exactement après notre arrestation, le consul de France et le consul d'Espagne viennent nous rendre visite. Ils nous expliquent que l'affaire se traite au niveau diplomatique et que les choses vont s'arranger...

Grâce à notre téléphone secret, j'appelle Christophe et Céline tous les soirs mais ils n'ont que très peu d'informations à nous communiquer, à moins qu'ils ne préfèrent taire les mauvaises nouvelles...

Marc appelle sa rédaction, les vidéos sont bien arrivées en France et ils vont pouvoir commencer à monter un sujet qui sera diffusé sur une grande chaîne française.

Chapitre 14

Bienvenue à Guantanamo

Vendredi 2 novembre, le commissaire nous annonce que nous allons être transférés à N'Djamena. Il nous laisse un quart d'heure pour rassembler nos quelques affaires avant que des véhicules ne se présentent pour nous emmener à l'aéroport.

Ce départ précipité nous laisse entrevoir l'espoir qu'une solution diplomatique ait été trouvée et que l'épilogue de ce cauchemar ne soit plus très loin.

On nous transfère alors, sous bonne escorte, à l'aéroport d'Abéché où un avion militaire tchadien nous attend. Nous embarquons tous les seize dans l'avion, ainsi que quatre Tchadiens. Emilie reconnaît l'un d'eux, c'est un chef de village de Tiné qui nous avait amené les quinze enfants avec Fadoul et Mahamat Eritero.

Les trois autres, nous ne les connaissons pas, mais nous les avions aperçus dans les locaux du procureur général sans savoir qui ils étaient.

En fait, il s'agit du sous-préfet de Tiné, du maire de Tiné, ainsi que du secrétaire général de la mairie de Tiné. Tous les quatre ont été arrêtés dans le cadre de notre affaire, suite aux accusations portées contre eux par Mahamat Eritero.

Décidément, après avoir provoqué l'arrestation de

Fadoul, le colonel Mahamat Eritero semble avoir une grande influence pour faire arrêter ainsi quatre notables de la région de Tiné sans que lui-même, qui nous a amené les enfants, soit inquiété.

Nous arrivons deux heures plus tard à N'Djamena où nous sommes transférés, toujours sous bonne escorte, au palais de justice.

Dans l'enceinte du palais de justice, il y a une cohue indescriptible. Plusieurs dizaines de journalistes, caméras ou appareils photo au poing, se bousculent pour prendre la moindre image. A Abéché, nous n'avions pas perçu cette frénésie médiatique, là, elle est bien visible.

Nous sommes alors présentés au procureur général de N'Djamena qui nous tient le même discours que son homologue d'Abéché : « Vous êtes accusés de tentative d'enlèvement d'enfants en vue de compromettre leur état civil. » Puis, nous sommes présentés au juge d'instruction qui, comme le juge d'Abéché, nous signifie notre mise en détention. Avant de quitter le bureau du juge, je lui demande de nous assurer que nous ne serons pas séparés car les femmes du groupe, Emilie, Nadia, Marie-Agnès et les quatre hôtesses espagnoles sont terrorisées à cette idée. Le juge m'assure que nous ne serons pas séparés et que nous allons être conduits dans un bâtiment tout neuf de la prison de N'Djamena, que le bâtiment sera vide, qu'il n'y aura que nous, ainsi les portes des cellules resteront ouvertes pour que nous puissions circuler librement à l'intérieur du bâtiment. Les femmes sont soulagées.

Nous regagnons la camionnette où nous nous entassons à seize avec nos affaires et nos matelas pour rejoindre la prison. Dans la cohue, Marc arrive à discuter quelques secondes avec un journaliste français et apprend que le président Sarkozy doit arriver dimanche à N'Djamena. Cette information est confirmée par Jean-Bernard, l'avocat tchadien qui nous a assistés dans le bureau du juge. Dans deux jours, le président français sera là et devrait mettre fin à ce cauchemar, sinon, pourquoi viendrait-il ?

Nous arrivons à la prison et découvrons alors que le « bâtiment neuf » est en fait un vieux bâtiment sordide qui sert de quartier de haute sécurité pour les criminels les plus dangereux. Une inscription gravée sur le mur d'entrée plante le décor : « Bienvenue à Guantanamo. »

Et le bâtiment est loin d'être vide...

Nous entrons dans un local qui fait office de hall d'accès et découvrons un long couloir d'une vingtaine de mètres de long avec des cellules de part et d'autre. Il y a quatre cellules de chaque côté, dont un certain nombre laissent apparaître des bras à travers les barreaux. Les détenus se mettent à crier et à railler lorsqu'ils voient apparaître les hôtesses de l'air et les trois femmes de notre équipe.

Toutes les femmes fondent en larmes, certaines sont à la limite de la crise d'hystérie car, là, le cauchemar s'amplifie et devient carrément sordide.

Comment peut-on oser enfermer sept femmes dans un quartier de haute sécurité pour hommes ? Nul doute que cette scène restera comme l'une des pires dans ma mémoire.

Philippe et moi distribuons aux femmes des anxiolytiques (les fouilles tchadiennes ayant été quelque peu laxistes...) pour les aider à se calmer, et toute l'équipe se soude autour d'elles pour les rassurer autant que possible.

Nous sommes répartis à quatre par cellule. Chaque cellule d'environ 3 mètres sur 4 dispose de quatre blocs de béton en guise de lit. Mais comme nous sommes des « hôtes » un peu particuliers, l'administration pénitentiaire nous donne des matelas, des draps et des moustiquaires.

Philippe, Alain, Marc et Jedaï occupent la première cellule. Le commandant de bord occupe la seconde avec son copilote, son steward et Doudou. Les quatre hôtesses occupent la troisième. Emilie, Nadia, Marie-Agnès et moi la quatrième. Et enfin, les quatre Tchadiens qui ont fait le voyage avec nous depuis Abéché occupent la cinquième.

Les trois autres cellules sont occupées par dix à douze personnes dans des cellules prévues pour quatre. En fait, nous avons visiblement pris leurs places et eux ont été entassés dans les cellules restantes.

Un des gardiens nous précise bêtement que ce sont des criminels dangereux et qu'il vaut mieux ne pas s'en approcher...

L'atmosphère est indescriptible, le lieu sinistre et sordide à un point difficilement imaginable, l'ensemble de l'équipe est effondré et désemparé par cette nouvelle tournure des événements.

Tout le monde se raccroche à l'idée que le président français arrive dans deux jours...

Après une nuit bien difficile, le réveil le samedi matin dans ce décor sinistre résonne en nous comme une gueule de bois. On découvre les lieux en plein jour et c'est aussi sordide que la veille au soir. Ultime détail, au fond du couloir, après la dernière cellule, il y a un petit renfoncement de 80 centimètres avec un robinet et un trou de 15 centimètres dans le sol qui donne un accès direct sur la fosse septique.

Voilà les WC et le coin douche.

Nadia et deux hôtesses espagnoles passeront leur journée en larmes, sans quitter leurs couchettes. Le traumatisme est énorme.

En fin de matinée, des militaires français accompagnent le consul de France pour nous apporter de l'eau et de la nourriture. Emilie tente désespérément de leur expliquer que la situation est insupportable mais ils n'ont aucun moyen d'action pour nous aider et nous souhaitent du courage. Il va en falloir, effectivement.

Dans l'après-midi, les gendarmes nous amènent Jacques. Notre bon vieux Jacques. En noble chevalier qu'il est, il n'a pas voulu partir avec notre avion lorsqu'il a appris notre arrestation le 25 octobre. Il a préféré rester à N'Djamena par solidarité avec nous et a même répondu à plusieurs interviews pour intervenir en notre faveur. Cela lui a valu d'être arrêté dès le dimanche, trois jours après nous.

Après deux jours d'interrogatoires par la police, il avait été amené dans cette même prison où il a passé six jours, dans la cour, au milieu des prisonniers de droit commun tchadiens. Très digne, il ne nous dira que très peu de choses sur les six jours d'enfer qu'il a vécus au milieu de la prison. Nous sommes tous très contents de le voir. Il est un peu faible et amaigri, mais il est là, entier, sain et sauf, c'est l'essentiel.

L'arrivée de Jacques a légèrement remonté le moral de l'équipe, mais pas pour très longtemps. Un des gardiens écoute la radio et, effectivement, l'arrivée du président Sarkozy est bien annoncée pour demain dimanche. Mais le journaliste précise que « de source officieuse », il ne viendrait que pour récupérer les trois journalistes français (Marc, Jedaï et Marie-Agnès) et les quatre hôtesses de l'air espagnoles. C'est l'incompréhension dans l'équipe, on a du mal à croire à une telle information. Pourquoi les hôtesses espagnoles seraient-elles libérées et pas le steward ? Ils font le même métier, non ? Pourquoi Marie-Agnès serait libérée et pas Nadia, alors que la première est engagée depuis le début dans l'opération en tant que vice-présidente du Cofod, et que Nadia n'est « que » infirmière bénévole qui s'est engagée au dernier moment par pure générosité ?

Non, ce scénario n'est pas crédible, totalement illogique et dénué de sens. Attendons sereinement demain et tout se passera bien...

Le dimanche, la radio annonce que le président Sarkozy est arrivé à N'Djamena et qu'il s'entretient avec le président Déby.

Au même moment, le directeur de la prison arrive avec des ordres de libération à la main. Il annonce la libération des quatre hôtesses et des trois journalistes français... La rumeur était donc bien fondée !

Bien sûr, nous sommes heureux pour ceux qui partent. Marie-Agnès et Jedaï sont en pleurs de nous laisser mais ils nous promettent que, de retour en France, ils vont mobiliser les médias et l'opinion publique en expliquant la vérité pour nous sortir de là.

Pour ceux qui restent, le coup de massue, un de plus, est énorme. Le steward ne comprend pas pourquoi il reste là au seul motif qu'il est un homme.

Le commandant de bord et son capitaine ne sont pas relâchés car ils sont accusés d'avoir trafiqué l'immatriculation sur le fuselage du Boeing 757 lors de leur escale à N'Djamena le soir du 24 octobre. Comme si on pouvait imaginer un seul instant le commandant trouver sur l'aéroport de N'Djamena une échelle pour aller repeindre lui-même l'immatriculation sur le fuselage du Boeing...

Nadia et Doudou ne sont ni plus ni moins impliqués que Jedaï, ils se sont simplement portés volontaires quelque temps avant le départ de France, pour venir en aide aux enfants, c'est tout.

Philippe et Alain ne sont pas plus impliqués que Marie-Agnès, tous les trois étaient représentants du Cofod et membres du réseau des familles d'accueil.

Alors forcément, pour Nadia, Doudou, Philippe et Alain qui restent dans cet enfer au seul motif qu'ils n'ont pas de carte de presse, c'est une profonde injustice.

Jacques, lui, est là par solidarité avec toute l'équipe et ne regrette pas d'être resté avec nous jusqu'au bout, pour partager cette grande histoire de cœur. Il assume parfaitement du haut de ses soixante-quatorze ans !

Pour Emilie comme pour moi, l'incompréhension est grande. Que l'on s'en prenne à nous deux pour avoir organisé et dirigé cette mission pourrait se comprendre. Mais pourquoi s'en prendre aux autres ?

L'Elysée était au courant de notre opération depuis des mois, alors le président français ne peut pas ignorer que Nadia et Doudou n'ont aucune raison d'être abandonnés.

Afin de donner à ce « sauvetage » les grands airs qu'il mérite, rien n'est laissé au hasard. Au moment où le président rentre en France avec les sept libérés, une grande chaîne française diffuse un reportage « exclusif » sur notre opération grâce aux images de Marc et de Marie-Agnès ramenées en France.

Sur plus de trente heures de vidéo, sont utilisées seulement quelques minutes « à charge », comme par exemple le passage des faux pansements, sans rien expliquer réellement, des bouts de phrases sortis de leur contexte, des enfants qui pleurent... le tout comme dans un montage hollywoodien qui présente des truands.

Les passages qui prouvent que les enfants sont bien des Soudanais qui nous ont été amenés par des chefs de village sont zappés, tout comme de nombreux passages révélant la vérité sur notre opération. Le but du reportage est de cautionner la version officielle de « l'opération clandestine d'enlèvement d'enfants tchadiens ». Ainsi, le bon président peut rentrer en France couvert de lauriers pour avoir sauvé les innocentes hôtesses de l'air et les preux journalistes qui n'ont fait que leur travail...

Les autres ne sont que des « criminels » qu'on abandonne à leur triste sort.

Bernard Kouchner, notre ministre des Affaires étrangères, se fait bien discret. En revanche, sa secrétaire d'Etat aux Droits de l'homme, Rama Yade, flaire l'opportunité politique et ne rate pas une occasion d'apparaître dans les médias. Elle répète encore et encore que notre opération était « clandestine » et « illégale », et lorsqu'un journal français, *Le Canard enchaîné*, diffuse des documents qui prouvent que le Quai d'Orsay était bien au courant de notre opération plusieurs mois auparavant, elle surenchérit en disant qu'elle a tout fait pour nous arrêter. Elle va même jusqu'à prétendre devant l'Assemblée nationale française que c'est grâce à elle si nous avons été arrêtés au Tchad et qu'elle a empêché le Boeing 757 de décoller (même si celui-ci avait reçu toutes les autorisations nécessaires et que les autorités françaises nous attendaient à Vatry !).

Et tout le monde avale ces affabulations...

Chapitre 15

Une grande parodie de justice

Nous ne sommes donc plus que dix, enfermés dans la prison de N'Djamena, sans avoir la moindre idée de ce qui va nous arriver, ni à quelle échéance.

Toujours grâce à un téléphone dissimulé, j'essaie régulièrement de joindre Christophe, mais les nouvelles sont rares. En fait, pour éviter de nous saper le moral, Christophe ne me raconte pas le lynchage médiatique, il n'y a pas d'autres termes, dont nous faisons l'objet en France.

Alors les jours passent et se ressemblent.

Doudou, fidèle à lui-même, commence à organiser la logistique grâce aux rations quotidiennes de l'armée française, et petit à petit, nous tentons de nous habituer, bon gré mal gré, à ce quotidien et à cet environnement sordide.

Le vendredi soir suivant, Jacques fait un léger malaise, il est tout pâle et très affaibli. Après une rapide consultation avec Philippe et Nadia, nous décidons de profiter de l'occasion pour faire appeler d'urgence le médecin militaire français au motif que le « vieux » pilote fait un malaise cardiaque. Il faut attendre une heure et demie avant que l'équipe médicale n'arrive... Fort heureusement, il ne s'agissait pas d'un vrai malaise cardiaque ! Pendant ce temps,

Philippe et Nadia utilisent le matériel médical que nous avons gardé dans nos cellules et posent une perfusion à Jacques.

A l'arrivée du médecin français, la situation est stable mais Jacques doit quand même être hospitalisé. Pour cela, un vrai « ballet diplomatique » s'engage... Le directeur de la prison est obligé de téléphoner en pleine nuit au directeur de l'administration pénitentiaire, qui lui-même est obligé de réveiller le ministre de la Justice afin d'obtenir l'autorisation d'hospitalisation. Ils finissent tous par craquer et laissent partir Jacques avec les militaires de peur que « le vieux monsieur » ne décède dans leur prison. Ça ferait désordre...

Le plus dur à convaincre finalement, c'est Jacques ! Il ne veut pas nous quitter et tient à rester avec nous jusqu'au bout. Mais on ne le laisse pas faire son chevalier et on réussit à le convaincre qu'il nous sera plus utile dehors pour expliquer la vérité. Il se laisse alors emmener à la base militaire française.

Cet incident va provoquer une réaction en chaîne inattendue au sein de l'administration tchadienne qui constate combien il est difficile de gérer des prisonniers européens avec les autorités consulaires françaises, mais surtout avec les Belges et les Espagnols qui mettent une pression constante.

Du coup, quelques jours plus tard, sans que les accusations aient été levées, le ministre tchadien de la Justice signe un ordre de libération pour Jacques ainsi que pour les trois derniers Espagnols.

Les autorités espagnoles ont-elles versé une « rançon » pour obtenir la libération de leur équipage ? Nul ne le sait, mais de toute façon, les Tchadiens conservent le Boeing 757 qui vaut au moins 100 millions d'euros...

Durant la première quinzaine de novembre, nous sommes de nouveau auditionnés, tour à tour, par le juge d'instruction qui poursuit son enquête. Nous réexpliquons, chacun avec nos mots, l'origine, la motivation et le déroulement de notre opération qui n'avait rien d'illégal et qui était conforme à la convention de Genève de 1951.

Puis je suis confronté dans le bureau du juge aux quatre Tchadiens emprisonnés avec nous. Je ne les connais pas et je n'ai donc aucune idée de ce qu'ils ont pu dire précédemment ou de ce qu'ils vont dire à cette confrontation.

C'est le sous-préfet de Tiné qui prend la parole en premier et qui explique avoir rencontré le colonel Mahamat Eritero lorsque ce dernier s'est présenté à la préfecture de Tiné avec un ordre de mission de CHILDREN RESCUE pour rechercher des orphelins du Darfour.

Cette déclaration confirme mes précédentes dépositions et, surtout, contredit l'accusation de Mahamat Eritero. Le maire de Tiné confirme exactement la même chose, tout comme le secrétaire général de la mairie de Tiné.

Arrive un nouvel « invité », Fadoul, que les gendarmes viennent d'amener d'Abéché. Fadoul confirme qu'il a également été à Tiné Soudan, sur mon ordre, pour recueillir des orphelins de père et de mère, et que c'est ce qu'il a fait en nous ramenant, en compagnie de Mahamat Eritero, quinze orphelins du Darfour, originaires de toute la région de Tiné Soudan.

Je fais alors remarquer au juge que le sous-préfet, le maire et le secrétaire général que je ne connais pas et qui sont des représentants de l'Etat, donc crédibles, confirment ma version des faits et celle de Fadoul, et que le seul à tenir des propos différents, à l'évidence mensongers, le colonel Mahamat Eritero, est lui, toujours en liberté, à Abéché. Nous, toujours en prison.

En guise de réponse, le juge esquisse un sourire...

A la sortie du palais de justice, le « nuage » de journalistes est toujours aussi impressionnant. L'affaire continue de défrayer la chronique. Et cela ne va pas aller en s'arrangeant...

Lorsque le président français déclare maladroitement aux médias : « J'irai de nouveau au Tchad chercher les six Français quoi qu'ils aient fait », les Tchadiens s'emparent immédiatement de cette petite phrase pour en faire un tollé politique aux relents « anticolonialistes ». Des manifestations, loin d'être spontanées, sont organisées à N'Djamena et dégénèrent en émeutes « anti-Français ». C'en est fini de toute possibilité de règlement diplomatique de l'affaire, c'est maintenant une véritable affaire d'Etats, un symbole !

Mi-novembre, nos avocats français nous rendent visite à N'Djamena.

Il y a Céline bien sûr, qui suit l'opération depuis des mois, ainsi que trois autres avocats français mandatés par les familles de Nadia, Emilie, Doudou et Philippe. Ce quatuor d'avocats, aux profils et aux parcours très différents, semble complémentaire pour assurer notre défense. Ils seront assistés par deux avocats tchadiens, Abdou et Jean-Bernard, pour des raisons de respect des procédures tchadiennes.

Hormis une confrontation au palais de justice entre tous les prévenus, qui amènera une fois encore aux mêmes conclusions concernant la légalité de l'opération et notre bonne foi, la visite de nos avocats français ne permet pas de faire avancer la procédure judiciaire. Ils nous expliquent qu'il faut attendre qu'une solution politique « honorable pour tous » soit trouvée.

L'attente dans les geôles de N'Djamena est interminable, même si notre statut de « Blancs » nous donne quelques privilèges. Le fait d'être au centre d'une affaire ultramédiatique nous vaut une certaine « bienveillance » de la part du directeur de l'administration pénitentiaire qui donne des consignes de « souplesse » à nos geôliers. Nos cellules restent ouvertes et nous pouvons aller et venir à notre guise dans le hall du bâtiment. Puis, petit à petit, nous obtenons l'autorisation de sortir dans la cour. Etre plusieurs heures par jour dehors, au soleil, ou sur une natte à l'ombre d'un arbre, nous permet d'échapper quelque temps au décor sordide de nos cellules. La bienveillance des gardiens pour les « Blancs » se traduit aussi dans les relations et les traitements. A aucun moment, à N'Djamena, nous ne serons menacés par nos gardiens comme ce fut le cas à Abéché.

Les prisonniers « locaux » n'ont pas cette chance et nous sommes plusieurs fois des témoins impuissants des bastonnades et des tortures qui leur sont infligées par des gardiens imbibés d'alcool. Des scènes traumatisantes qui poussent Emilie et Nadia à sortir pour ne pas assister plus longtemps à cette violence. Plusieurs fois, avec Doudou, nous assistons à des scènes d'une violence inouïe mais nous restons car nous avons le sentiment que notre seule présence oblige les gardiens à retenir les coups. Nous n'oublierons pas Mahamat Saleh, un jeune prisonnier de dix-huit ans dont la pathologie psychiatrique flagrante nécessitait un internement plutôt que la prison, qui était maintenu dans une cellule de un mètre cinquante sur un mètre (même pas de quoi s'allonger) et qui faisait l'objet de sévices, pour ne pas dire tortures, obligé de supporter les coups, à genoux, avec une kalachnikov pointée sur la tempe, ou le canon dans la bouche.

Pas de doute, ici, les droits de l'homme sont une notion qui n'existe pas.

Nadia s'enfonce un peu plus chaque jour dans la dépression. Nous sommes très solidaires tous les six et chaque fois que l'un de nous a une baisse de moral, les cinq autres réagissent immédiatement pour l'apaiser.

Le mal-être de Nadia est plus profond, elle craque de plus en plus. Un jour où la déprime est plus forte, elle décide d'avaler plusieurs somnifères. Rien de mortel, juste l'envie d'échapper à cette réalité insupportable pendant quelques heures, voire toute la journée si possible. Avec Philippe, comme nous l'avions fait pour Jacques, nous décidons d'alerter l'armée française. Nadia est alors emmenée à l'hôpital de la base militaire française. En voilà une de moins dans cet enfer ! Si les autorités tchadiennes ont un brin de pitié et d'humanité, elle rentrera en France comme ce fut le cas pour Jacques.

Malheureusement, Nadia n'a pas soixante-quatorze ans, ni de carte de presse, alors pour elle, aucune clémence ni aucune pitié. Après trois jours à l'hôpital, elle nous rejoint dans cette prison sordide.

Sa dépression est pourtant très sérieuse. A partir de cet instant, Philippe et moi exerçons une surveillance permanente pour éviter le drame. A la pression psychologique de toute cette affaire, s'ajoute maintenant la crainte d'un drame irréparable. Cela ne peut plus durer, il faut agir.

Pour tenter de mettre la pression sur les politiques et sur les médias, j'arrive à faire publier sur Internet, grâce à l'aide d'une journaliste française, un texte de vingt-deux pages écrit du fond de ma cellule, où je donne ma version des faits pour contredire les ragots qui circulent autant dans les médias français que dans les médias tchadiens. Ce texte est publié sur le site Internet d'une grande radio française qui en fait une large promotion.

En quelques jours, le texte sera téléchargé et lu par plus de dix mille internautes. C'est à la fois beaucoup et très peu, comparé aux millions de téléspectateurs à qui on a rabâché des centaines de fois « opération illégale et clandestine ». Après le lynchage médiatique dont nous avons fait l'objet, rétablir la vérité ne va pas être facile. Car rien n'ébranle la version officielle. Les communiqués des autorités tchadiennes et françaises, relayés en dépêches AFP, restent paroles d'Evangile pour la majorité du grand public.

Le 7 décembre, après quarante-cinq jours de détention, nous décidons individuellement et solidairement d'entamer une grève de la faim illimitée. Nous mesurons pleinement les risques d'une telle action dans une situation sanitaire déjà précaire, mais nous n'avons plus d'autre alternative pour clamer notre innocence.

Nous espérons que cette grève de la faim aura un impact dans les médias et fera réagir les autorités tchadiennes. Cependant, à moins qu'un drame ne survienne entre-temps, elle ne modifiera pas le calendrier judiciaire.

Le procès doit commencer le 21 décembre et nous serons condamnés le 26. Ainsi en a décidé le président tchadien.

Bien que tout semble joué d'avance, nos avocats décident de saisir la Cour suprême pour vice de procédure. En effet, deux lois fondamentales concernant les droits de la défense ont été bafouées par les autorités tchadiennes. Premièrement, nous n'avons pas eu accès au dossier d'instruction comme le prévoit le code pénal tchadien pour nous permettre d'assurer notre défense.

Deuxièmement, ce même code pénal prévoit que nous ayons trois jours après la clôture de l'enquête pour faire appel de la décision du juge d'instruction de renvoyer notre affaire devant la cour criminelle. Or, le dossier a été renvoyé après seulement quarante-huit heures et le bureau du juge d'instruction était de toute manière fermé pour cause de séminaire, nous empêchant donc de déposer notre appel.

Ces deux violations caractérisées du code de procédure pénale tchadien amènent nos avocats à saisir la Cour suprême pour demander la nullité de toute la procédure et notre liberté immédiate.

Dans un Etat de droit cela aurait pu marcher... mais nous sommes au Tchad !

Le 19 décembre, le ministre de la Justice tchadien appelle notre avocat et lui explique que la Cour suprême ne pourra pas se réunir avant six mois pour examiner notre requête. Donc, si nous maintenons cette demande, le procès du 21 décembre sera reporté et nous devrons attendre six mois de plus en prison. Les avocats nous conseillent donc de nous désister de notre appel devant la Cour suprême et nous expliquent qu'ils feront valoir les vices de procédures lors de l'ouverture du procès, le 21 décembre. Soit, nous nous désistons et attendons le procès.

Après deux semaines de grève de la faim, c'est évidemment amaigris et affaiblis que nous nous présentons devant le tribunal. La meute de journalistes est toujours aussi impressionnante, pour ce qui est sans aucun doute le procès le plus médiatisé de toute l'histoire du Tchad.

Dès le début de l'audience, et après la lecture de l'acte d'accusation par le greffier, nos avocats interviennent donc pour évoquer les fameux vices de procédure et demander la nullité du procès.

Le procureur général contre-attaque aussitôt : « Les avocats de la défense ne peuvent pas évoquer des vices de procédure puisqu'ils se sont eux-mêmes désistés de l'appel devant la Cour suprême. Cela prouve donc qu'ils reconnaissent qu'il n'y a pas de vices de procédure. »

Le piège était tellement évident ! Même moi qui ne suis pas avocat, je l'avais vu venir et j'en avais fait part avant le désistement. Mais on m'avait répondu « mais non, mais non... ».

Voilà, c'est fait, il n'y a plus de vice de procédure, le procès peut avoir lieu, tout est normal, ou en tout cas conforme au scénario décidé par le président.

C'est donc moi qui ai l'honneur d'ouvrir le bal, en tant que chef de mission et président de L'Arche de Zoé, mais aussi en tant que zozo, gourou, illuminé et autres surnoms auxquels j'ai eu droit dans la presse.

Ma déclaration est très attendue et malgré mon état de faiblesse (j'ai perdu environ vingt kilos) je vais tâcher de ne pas les décevoir [1]...

Avant de commencer, un de nos avocats me rappelle : « De toute façon, vous allez être condamnés, alors tu n'as rien à perdre. Vas-y, fonce ! » J'ai connu mieux comme encouragements !

A l'issue de cette longue explication de près de deux heures, toute l'équipe ainsi que les avocats me félicitent. C'était clair, net, précis et sans équivoque, me disent-ils.

Les parties civiles, elles, sont furieuses que le juge m'ait laissé faire cette longue déclaration qui coupe court à toutes les calomnies et autres inventions qu'elles s'apprêtaient à distiller à la barre.

Puis, c'est au tour d'Alain qui restera à la barre pendant une quinzaine de minutes car, à part son rôle de logisticien au sein de la mission, il n'a rien d'autre à expliquer.

L'audience est alors suspendue jusqu'au lendemain.

1. Voir document en annexe pp. 189-202.

A la reprise, c'est au tour de Nadia, d'Emilie, de Doudou, puis de Philippe de rendre compte de leurs rôles respectifs au sein de la mission. Les déclarations sont courtes puisque ma déclaration de la veille a déjà donné la majeure partie des faits. Nadia est « titillée sur les faux bandages » pour lesquels elle apporte une explication. Doudou se voit reprocher la construction de la passerelle alors que prétendument l'aéroport en possédait une. La réponse est cinglante : s'il y avait une passerelle utilisable sur l'aéroport d'Abéché, pourquoi la police a-t-elle eu besoin de la nôtre pour faire descendre l'équipage espagnol ? Stop et fin !

Pour Philippe, en tant que médecin, ces enfants du Darfour étaient tous en état de sous-nutrition ou de dénutrition, certains même présentaient des pathologies graves ou inquiétantes, et pour lui, sans l'ombre d'un doute, ces enfants étaient en danger de mort en restant au Darfour.

Emilie s'explique à son tour sur son rôle au sein de la mission, notamment à Adré.

Aux invectives des avocats des parties civiles, elle s'emporte et répond à l'avocate qui l'apostrophe qu'au lieu d'assener des « y a qu'a, faut qu'on », elle ferait mieux de quitter sa robe d'avocate un instant et d'aller elle-même à Adré pour se rendre compte d'une situation sur laquelle elle porte un jugement critique sans en connaître la moindre réalité.

Cet éclat de voix ne fait que confirmer ce que tout le monde savait déjà, la force de caractère et de conviction d'Emilie.

Puis, vient le tour de Souleymane Ibrahim d'être appelé à la barre. Ce chef de village soudanais au centre de cette mascarade nous réserve une nouvelle surprise. Il change de nouveau sa version des faits en contredisant ses propres déclarations faites lors de l'instruction et déclare maintenant qu'il ne nous a jamais amené les enfants à la base d'Adré, que ce sont les familles elles-mêmes qui nous apportaient les enfants et que, bien sûr, il n'a jamais vu ni signé la moindre attestation pour nous confier les enfants.

Les avocats des parties civiles jubilent, voici « la » preuve qu'il y a eu enlèvement des enfants par les « Blancs » et que les attestations sont fausses !

Je demande alors à intervenir à la barre et je présente au tribunal des photos de Souleymane nous amenant des enfants, ainsi que des photos où l'on distingue parfaitement Souleymane en train de remplir et signer les attestations.

Devant l'évidence, que cette fois-ci il ne peut nier, il reconnaît que c'est bien lui qui nous a amené les enfants et qu'il a bien signé les soixante-trois attestations des enfants qu'il nous a confiés.

Cette fois, c'est dans le box des accusés que le sourire est retrouvé ; une bonne partie des accusations portées contre nous vient de voler en éclats.

Puis, nouvelle surprise, le colonel Mahamat Eritero est appelé à la barre. Lui qui jusque là avait échappé aux interrogatoires du juge d'instruction et aux confrontations se retrouve enfin devant nous. A la barre, il déclare qu'il n'est au courant de rien, qu'il a bien participé à l'expédition de CHILDREN RESCUE à Tiné, mais seulement en tant que chauffeur. Il ne sait donc absolument rien sur l'histoire des enfants de Tiné !

Une nouvelle fois, je demande au président du tribunal de pouvoir prendre la parole pour être confronté au témoin puisque cela n'a pas été possible avant, compte tenu de son absence aux confrontations. Je fais répéter au colonel Mahamat ses dernières déclarations pour que tout le monde en prenne bien acte. Il confirme de nouveau qu'il ne sait rien et qu'il n'était qu'un simple chauffeur.

J'explique alors au tribunal la mission que j'avais personnellement confiée de vive voix au colonel Mahamat ainsi qu'à Fadoul. Puis, le maire de Tiné et son secrétaire général confirment que c'est bien le colonel Mahamat qui est venu se présenter à eux au nom de CHILDREN RESCUE. Le procès-verbal d'audition du sous-préfet de Tiné est également sans équivoque sur la participation de Mahamat Eritero qu'il connaît bien puisque, avant d'être colonel dans l'armée tchadienne, Mahamat Eritero était le garde du corps du sous-préfet...

Enfin, plusieurs dépositions venant de la population de Tiné précisent que c'est bien Mahamat Eritero qui s'est exprimé en langage Zaghawa pour leur expliquer que CHILDREN RESCUE recherchait des orphelins du Darfour afin de les prendre en charge définitivement. Ultime contradiction, le colonel Mahamat Eritero prétend qu'il n'était que le chauffeur alors que nous avons une vidéo de lui au retour de Tiné, qui nous présente les enfants un à un, comme des orphelins du Darfour.

Fadoul est alors appelé à la barre et confirme mes propos ainsi que les propos du maire de Tiné.

Enfin, l'avocat de Fadoul présente à la cour une facture (que Mahamat Eritero essaiera de se faire payer pour lui...) de l'Etat tchadien dont le libellé précise « recherche et transport d'orphelins du Darfour vers la base de CHILDREN RESCUE ». Facture montrant sans ambiguïté que l'Etat tchadien savait parfaitement que ces enfants étaient des orphelins du Darfour.

Nous venons non seulement de prouver l'implication de l'Etat tchadien dans notre opération – il ne peut alors plus plaider la clandestinité – mais également les mensonges de Mahamat Eritero dont la version est contredite par nous, par les représentants de Tiné, par Fadoul et même par les parties civiles.

Le colonel Mahamat persiste néanmoins dans sa déclaration : il n'était que chauffeur et ne connaît rien à l'affaire.

Je m'insurge ouvertement devant la cour de ce que Mahamat Eritero puisse ainsi avoir menti à la cour et être en liberté, alors que tous les témoignages le contredisent, et qu'apparemment son statut d'officier de l'armée nationale tchadienne le protège, lui, pendant que dix innocents sont en prison à cause de ses mensonges.

Je décide de ne plus discuter, cela ne sert visiblement à rien, et regagne le box des accusés. Une bronca se fait entendre dans la salle.

Acculé par cette démonstration et ces évidences, le procureur général intervient et ordonne l'arrestation du colonel Mahamat en plein tribunal.

Enfin, ses mensonges sont reconnus tout comme, juste avant, les mensonges de Souleymane Ibrahim. Nous avons montré, de manière indiscutable, devant la cour mais aussi devant les nombreux journalistes internationaux présents dans la salle, que toutes ces accusations de trafic et d'enlèvement d'enfants tchadiens n'étaient que de purs mensonges et de pures manipulations.

Dans le box des accusés, nous ne pouvons retenir nos sourires et Alain me tape dans la main comme si nous venions de marquer un but décisif. Mais notre joie est de courte durée car un de nos avocats nous rappelle à l'ordre : « Ne vous réjouissez pas, tout cela n'empêchera pas votre condamnation puisqu'elle a déjà été décidée en haut lieu ! »

Nouveau coup de massue !

Puis c'est au tour des parties civiles d'être appelées à la barre. On nous présente cinq hommes qui sont censés représenter les familles des 103 enfants. Tiens donc ?

Le premier à se présenter se dit de la région de Tiné et déclare que les « Blancs » sont venus pour « voler » leurs enfants, il réclame pour ce crime un million d'euros de dommages et intérêts par enfant !

La salle réagit à l'annonce du montant...

J'interviens de nouveau pour démontrer, témoignage à l'appui, que ni moi ni aucun membre « blanc » de l'équipe n'a été à Tiné et que seuls Fadoul et Mahamat Eritero ont mené la mission de recherche d'orphelins du Darfour. Cette accusation de « vol par les Blancs » n'a qu'une motivation financière.

Un de nos avocats intervient pour demander à ce « témoin » de fournir un document d'identité ou d'état civil de ces enfants qu'il est censé représenter. Il n'a aucun document et tente d'expliquer qu'il n'en existe pas dans la région. Nous faisons alors remarquer que le Tchad, contrairement au Darfour, dispose d'une administration de l'état civil et que si ces enfants étaient tchadiens comme le témoin le prétend, il aurait été facile de produire des extraits de naissance.

On poursuit. Je demande au témoin un justificatif de son identité, une carte d'identité, un permis de conduire qui permettrait au moins de prouver qu'il est bien tchadien lui-même. Il n'a, là aussi, aucun document. Comme c'est curieux !

Une dernière question s'impose : combien d'enfants sur les 103 ce témoin représente-t-il ? Il répond quinze, puisque c'est le nombre que nous venons d'évoquer lors du précédent témoignage, celui de Mahamat Eritero. Je fais alors remarquer au président que, comme il peut le constater dans les éléments de l'enquête qu'il a sa disposition, quinze enfants nous ont bien été amenés de Tiné mais que trois y sont repartis. Parmi les 103, il n'y a que douze enfants de Tiné et non pas quinze. Ce prétendu « représentant » des enfants, dont l'identité reste toujours inconnue, ne sait même pas combien d'enfants il représente... Tout cela est vraiment grotesque !

Nouvelle bronca dans la salle et nouveau point marqué pour nous, pour démontrer ce procès mascarade.

Autres parties civiles, autres délires.

Les loueurs des maisons qui nous ont servi de bases réclament vingt-quatre, vingt-sept, voire trente mois, selon les cas, de loyer sur la base du contrat de location qu'ils présentent à la cour. Ces contrats ne comportent que la signature des propriétaires mais pas le cachet de CHILDREN RESCUE. Ils n'ont donc aucune valeur juridique mais les propriétaires expliquent que c'est parce que nous sommes partis trop vite (bien que nous soyons restés six semaines sur place !) et que ces contrats auraient dû être signés. Il est donc normal pour eux de réclamer vingt-quatre ou trente mois de loyer. Ça devient du grand n'importe quoi !

Puis c'est aux loueurs de véhicules de réclamer leur part du gâteau. Deux personnes revendiquent la propriété du pick-up transformé en passerelle. Bien qu'il suffise de démonter la passerelle, les deux prétendus propriétaires estiment que le véhicule est « complètement détruit » et réclament donc son remboursement intégral, tel un véhicule neuf (vingt-sept mille euros !). J'explique qu'il ne peut y avoir deux propriétaires et qu'il serait logique de commencer par demander la carte grise du véhicule (qui existe au Tchad) afin de savoir lequel des deux est le vrai propriétaire, si tant est que l'un des deux le soit.

Le président rejette ma demande et estime que la demande des deux plaignants est recevable.

Là, on atteint des sommets dans le procès truqué et la mauvaise foi !

Au quatrième jour du procès, interviennent les plaidoiries des parties civiles, notamment les avocats de l'Etat tchadien. Il y a six avocats, cinq Tchadiens et un Français. Oui, un Français, un Parisien qui n'est autre que l'avocat personnel d'Idriss Déby. Cela fait sûrement très chic dans ce procès ultramédiatique d'avoir l'avocat personnel du président Déby, mais quelle offense pour les avocats tchadiens que leur président ait choisi un « Blanc » pour les représenter.

Les plaidoiries commencent et les avocats tchadiens répètent inlassablement qu'il s'agit bien d'une « opération clandestine de nuit pour enlever des enfants tchadiens »...

C'est à se demander s'ils ont écouté les trois précédentes journées d'audience. C'est vraiment grotesque, pitoyable. Même pas un seul argument valable pour tenter de démontrer notre culpabilité en quoi que ce soit.

Puis, c'est au tour de l'avocat du président Déby de plaider.

Pas un mot sur l'opération, pas un mot sur les enfants, pas un mot sur les six accusés blancs.

Non, tout cela ne l'intéresse pas, il n'a qu'un seul objectif, qu'une seule demande à faire à la cour : la saisie du Boeing 757 au profit de l'Etat tchadien. Rien que ça !

Ça vient de faire « tilt » dans mon esprit. La toute première phrase du gouverneur d'Abéché après notre arrestation a été : « Saisissez le Boeing. »

L'emprisonnement injustifié de l'équipage espagnol au mépris des conventions internationales sur le personnel de l'aviation civile, l'accusation aberrante contre le commandant de bord qui aurait trafiqué l'immatriculation sur la carlingue, et maintenant la demande de l'avocat du président Déby qui ne porte que sur la saisie du Boeing 757 : comme si, depuis le début, toute cette mascarade n'avait qu'un objectif, un seul mobile, faire main basse sur le Boeing...

Le dernier jour, c'est au procureur de prendre des réquisitions. Il répète mot pour mot l'acte d'accusation qui avait été lu au début du procès par le greffier...

Etait-il assoupi lors des aveux que nous avons fini par arracher à Souleymane Ibrahim ?

Etait-il distrait lorsque nous avons démontré l'absurdité des témoignages des parties civiles ?

A-t-il oublié qu'il a lui-même ordonné l'arrestation du colonel Mahamat Eritero ?

Toutes ces audiences n'ont finalement servi à rien puisque malgré les vérités établies pendant le procès, ce sont les accusations stupides d'origine qui sont retenues en dernier.

Seul l'avocat du président Déby va être déçu, car le procureur général ne demande pas la saisie du Boeing 757 espagnol. Un accord diplomatique aurait-il été trouvé au dernier moment ? L'Espagne ou la compagnie aérienne ont-elles versé une « rançon » pour récupérer leur avion ? On ne le saura jamais, c'est le principe des accords secrets entre Etats.

En guise de « lot de consolation », le procureur demande la saisie de notre petit avion, ainsi que de tout notre matériel (ordinateurs, téléphones satellites, matériels de radiocommunication, matériel médical...), ce qui représente un joli petit butin d'environ cent mille euros.

Enfin, pour conclure, le procureur général concède que les 103 enfants sont sans doute d'origine soudanaise mais que de toute façon « Eric Breteau et sa clique » ont enfreint les lois du Tchad (sans dire lesquelles) et qu'ils méritent tous de sept à onze ans de travaux forcés.

Fermez le ban !

Nos quatre avocats français ainsi que nos deux avocats tchadiens plaideront pour notre défense pendant près de trois heures, sans réelle conviction il faut le dire puisqu'ils connaissent le résultat à l'avance. Céline le résumera d'ailleurs très bien dans sa plaidoirie : « Nous savons vous et moi, Monsieur le Président, que vous n'êtes pas libre de rendre une décision juste. »

Notre avocat tchadien conclura par un ultime coup de semonce contre l'accusation : « Si CHILDREN RESCUE avait réellement voulu enlever des enfants tchadiens, il n'était pas nécessaire de monter une opération aussi complexe et aussi dangereuse à Abéché et à la frontière soudanaise. »

Entre les enfants-soldats, les enfants esclaves au bord du Chari (fleuve qui sépare N'Djamena du Cameroun voisin) et les nombreux enfants errant dans les faubourgs de N'Djamena, il y avait malheureusement largement de quoi remplir plusieurs avions.

Alors, cette théorie de l'opération clandestine à Abéché pour enlever des enfants tchadiens est vraiment d'une absurdité absolue, même si c'est la version officielle !

Deux heures après la fin de la plaidoirie, le tribunal rend son verdict et nous condamne à huit ans de travaux forcés et à payer plus de six millions d'euros de dommages et intérêts aux prétendues familles non identifiées ainsi qu'aux loueurs de maisons et de voitures. La saisie de notre petit avion et de tous nos matériels est également confirmée. Après tout, pourquoi se priver ?

La scène est bien sûr filmée par la télévision tchadienne qui revendra ses images à prix d'or. Tout le monde profite jusqu'au bout de cette juteuse mascarade.

A ma connaissance, aucun des nombreux journalistes français qui ont assisté au procès n'ira sur un plateau de télévision pour dénoncer, ou en tout cas expliquer, le déroulement de la pièce de théâtre judiciaire à laquelle ils ont assisté.

La politique est la grande gagnante de cette mascarade et qu'importe la vie brisée de six innocents. Il faut être réaliste. Que valent six idéalistes qui vont faire un peu de prison ?

Le « cerveau » condamné à huit ans de travaux forcés, l'association dépouillée de tous ses biens, L'Arche de Zoé est bel et bien coulée. Pour les cinq autres ? Dommage pour eux, ils font partie des « dommages collatéraux ». Un médecin, une infirmière, un sapeur-pompier et un enseignant, cela n'a pas de valeur.

Heureusement, nos avocats sont là pour nous remonter un peu le moral :

« Ne vous en faites pas, maintenant tout ça, c'est fini, alors, dans deux ou trois jours vous serez rapatriés en France, vous ferez deux ou trois semaines d'hôpital pour effacer les séquelles de votre grève de la faim puis vous serez libérés. Allez, tenez le coup, encore quelques semaines... »

Chapitre 16

Le retour en France

Comme cela nous avait été annoncé par nos avocats quinze jours avant le procès, trois jours après notre condamnation nous sommes transférés de la prison de N'Djamena à l'aéroport où nous attend une « escorte » de l'administration pénitentiaire française venue tout spécialement pour prendre en charge les six « colis ». Ultime courbette de la diplomatie française aux autorités tchadiennes, plutôt que de nous rapatrier sur un vol militaire, pourtant nombreux entre la France et le Tchad, ou sur le vol quotidien d'Air France, la France loue à grands frais un Boeing 737 de la compagnie nationale tchadienne et offre le voyage à Paris à une délégation d'une vingtaine de dignitaires tchadiens qui, au prétexte de « superviser » notre transfert, profiteront d'un beau séjour dans les grands hôtels parisiens, aux frais de la France bien sûr.

L'escorte pénitentiaire est composée de sept agents, un agent pour chaque prisonnier plus un chef de section. L'accueil à l'aéroport de N'Djamena est plutôt « froid » et inamical, et les agents nous passent même les menottes sur ordre du ministre tchadien de l'Intérieur afin que notre embarquement, filmé par la télévision tchadienne, ressemble à l'expulsion de

« criminels ». Cette dernière humiliation des menottes, mal vécue par l'équipe, n'est qu'une énième mascarade puisqu'en fait, depuis deux mois que nous étions emprisonnés au Tchad, nous n'avons été menottés qu'une seule fois, le deuxième jour, lors de la parodie télévisée en présence du président Déby. Cela montre l'acharnement des autorités tchadiennes à contrôler les images pour mieux manipuler l'opinion publique, tchadienne comme française puisque ces images sont également reprises (ou revendues) chez nous.

Nous quittons « enfin » le Tchad et espérons bien tourner la dernière page de ce cauchemar. Dix minutes après le décollage, nos agents d'escorte nous libèrent des menottes et l'atmosphère se détend, s'apaise même. Je discute un moment avec l'agent chargé de ma surveillance, il a un peu suivi notre affaire, il faut dire que depuis deux mois, en France, le battage médiatique est tel qu'il était difficile d'y échapper. Il a l'air plutôt compatissant à notre égard et ne se fait aucune illusion sur la « propagande officielle » qui circule sur notre affaire. Enfin quelques paroles réconfortantes après deux mois de désolation.

Après six heures de vol, nous arrivons à l'aéroport du Bourget, près de Paris, et j'ai vraiment le sentiment d'arriver à la fin de cette aventure. Naturellement, je ne m'attends pas à être libéré dès la descente de l'avion. D'ailleurs compte tenu de la délégation tchadienne qui nous escorte, on nous repasse les menottes avant le débarquement, histoire de « faire bonne impression ». Nos avocats nous ont prévenus à la fin du procès : « En France vous irez à l'hôpital pour deux semaines, le temps que cette affaire ultra-médiatisée “retombe” et que nous engagions les procédures nécessaires pour vous faire libérer... » A la descente de l'avion je m'attends donc que l'on nous transfère directement à l'hôpital. Erreur !

On nous fait patienter un long moment dans un bâtiment en attendant l'arrivée du procureur de la République de Bobigny. Ah bon ? Bon, eh bien, patientons, on n'a de toute façon pas le choix.

Comme chaque fois, privilège du chef oblige, je suis le premier à être emmené dans un bureau où m'attend le procureur. D'un ton sec et froid, il me signifie que je vais être transféré à la prison de Fresnes pour y purger huit ans de prison en substitution des huit ans de travaux forcés prononcés par le Tchad. Cette « conversion » de travaux forcés en prison ferme sera validée dans quelques jours par le tribunal de Créteil. Puis il me présente une notification écrite que je dois signer.

Je suis complètement abasourdi par ce que je viens d'entendre. Je ne comprends pas. On est très loin de ce qui avait été annoncé par nos avocats. D'une part, cela devait s'arranger en deux semaines, et d'autre part même en cas de confirmation de la peine en France, une « tentative d'enlèvement » ne « mérite » même pas un an de prison. Le procureur m'explique alors que je fais erreur, que selon la loi française je mériterais la réclusion criminelle à perpétuité, et que je devrais plutôt être content de n'avoir « que » huit ans de prison !

Un nouveau gouffre vient de s'ouvrir sous mes pieds. Après le cauchemar tchadien, voici le cauchemar français. En fait, tout le blabla des autorités consulaires françaises à N'Djamena et de nos avocats avait pour but de nous faire accepter au plus vite notre extradition vers la France en se gardant bien de nous expliquer les suites judiciaires qui nous attendaient. Or, celles-ci ne pourraient être qu'à la mesure de la propagande politique et médiatique distillée depuis deux mois auprès de l'opinion publique, dont nous ignorions l'essentiel.

En ressortant du bureau, je croise Emilie, Phil et Alain, je suis en pleurs et je leur explique en trois mots qu'on s'est fait avoir et qu'on va aller en prison pour huit ans... Puis on m'emmène dans l'ambulance qui me conduira à la prison de Fresnes.

En quittant l'aéroport du Bourget au milieu d'une escorte policière incroyable, j'aperçois par les fenêtres de l'ambulance une foule massée sur les trottoirs. Nos proches, nos amis et nos soutiens du Cofod sont là. Je les entends crier de toutes leurs forces des messages de soutien mais je suis tellement atterré par ce que je viens d'apprendre qu'ils n'arrivent pas à me réconforter.

Nous arrivons de nuit à la prison de Fresnes, presque aussitôt Nadia et Emilie sont séparées de nous. Je ne sais même pas quand je les reverrai. Les reverrai-je seulement un jour ? Doudou est enfermé seul dans une cellule, et provisoirement je suis enfermé dans une cellule d'attente avec Alain et Phil. Je suis effondré, Alain est dans l'incompréhension totale, et Phil pour nous rassurer ou pour se rassurer lui-même éclate de rire en disant que tout ceci est trop gros : « C'est n'importe quoi, encore une mascarade pour donner le change aux médias et faire plaisir aux Tchadiens, mais dans quinze jours on sera dehors. » J'aimerais me raccrocher à l'élan positif de Phil, mais le procureur n'avait pas l'air de plaisanter...

Après la fouille réglementaire, seuls Nadia et moi sommes transférés à l'hôpital de la maison d'arrêt de Fresnes compte tenu de notre état de santé. Emilie est transférée à la maison d'arrêt des femmes, Doudou, Alain et Phil à celle des hommes. Excepté Phil et Alain qui sont mis dans la même cellule, c'est la première fois depuis notre arrestation du 25 octobre que nous sommes séparés. Nous sommes chacun isolés dans une cellule ou dans une chambre d'hôpital et ne pouvons plus compter sur la solidarité et sur la force du groupe.

Ces premiers jours d'isolement complet, hormis les visites des médecins ou des infirmières qui changent mes perfusions toutes les quatre heures, sont terribles à supporter. Où sont les autres ? Comment vont-ils ? Comment supportent-ils la situation ? Autant d'angoisses qui m'anéantissent.

Au bout de quelques jours, Céline et Gilbert, mes avocats, me rendent visite. Ils me rassurent sur la situation de mes camarades et sur la procédure judiciaire. Ici on est en France, dans un Etat de droit. La Convention européenne des droits de l'homme, articles 5 et 6, ne permet pas d'emprisonner des gens qui n'ont pas bénéficié d'un procès équitable. Cette Convention européenne est supérieure au droit français et bien évidemment largement supérieure à la convention franco-tchadienne de 1976 sur laquelle les autorités françaises se sont appuyées pour obtenir notre extradition. Nous sommes convoqués au tribunal de Créteil, le 14 janvier, nous expliquerons aux juges les conditions de la parodie de justice de N'Djamena et, en vertu de la Convention européenne des droits de l'homme, le juge ne pourra faire autrement que de nous remettre en liberté.

Avec ces explications, mon moral va mieux et je décide d'arrêter ma grève de la faim pour retrouver quelques forces pour le 14 janvier...

Très vite, je reçois beaucoup de courrier de soutien, qui me fait un bien fou. Je reçois aussi des articles de presse et dispose de la TV dans ma chambre d'hôpital. Je suis atterré de voir comment les médias traitent notre affaire. Au moins, au

Tchad, on était privés d'infos et donc « protégés » de ça.

Mon sang bouillonne chaque fois que je lis ou que j'entends « les 103 enfants tchadiens ». Au bout de deux mois maintenant, ils n'ont toujours pas compris que ces enfants étaient des Soudanais ?

Qu'importe, passons, le 14 janvier je serai dehors et je pourrai enfin m'exprimer dans les médias pour tordre le cou à ces ragots...

Les perfusions et le traitement médical aidant, je dors dix-huit heures par jour, alors le 14 janvier arrive très vite. Tout juste le temps d'un parloir avec Agnès et mes trois enfants pour les rassurer sur mon état de santé qui s'améliore de jour en jour, et leur expliquer que je serai bientôt libéré.

L'arrivée au palais de justice de Créteil ressemble à la sortie de l'aéroport du Bourget. Une escorte policière hors norme, une large foule sur les trottoirs avec banderoles et slogans. C'est animé.

A la sortie de l'ambulance dans les sous-sols du palais de justice je retrouve Emilie, Phil, Alain et Doudou. Nadia n'est pas là, elle a craqué, ses idées noires ont repris le dessus et elle a été transférée dans une unité psychiatrique.

Nous entrons tous les cinq dans la salle d'audience, bondée, où nous retrouvons quantité de visages familiers et de sourires réconfortants. Malgré les vitres pare-balles du box des accusés dans lequel nous sommes, nous arrivons à échanger nos émotions avec nos proches. Difficile de voir et de reconnaître tout le monde, il y a plus de deux cents personnes. Il paraît même que le hall du palais de justice est plein et que la salle est trop petite pour accueillir tout le monde. Du jamais vu. Même mon amie Nancy a fait le déplacement depuis les Etats-Unis pour être là.

Loin de ma meilleure forme, l'audience me paraît étrange, presque irréelle. Les cachets sans doute. J'en prends une quinzaine par jour, de toutes les formes et de toutes les couleurs.

Le procureur général prononce son réquisitoire et demande que la peine de huit ans de travaux forcés prononcée par le Tchad soit convertie en huit ans de prison. Il explique et justifie que le tribunal ne peut faire autrement sous peine de créer un problème politique entre la France et le Tchad qui sont liés par une convention de « coopération ».

Nos avocats interviennent tour à tour. Ils sont sept en tout dont Jean-Bernard, notre avocat tchadien, qui a fait spécialement le déplacement pour venir raconter à la barre d'un tribunal français la parodie qui a eu lieu à N'Djamena et qui précise que ce serait une insulte pour le peuple tchadien, qui n'est pas dupe de sa justice aux ordres de la dictature, qu'un tribunal français cautionne un Etat de non-droit.

Les six avocats français font chacun à leur tour la démonstration qu'au nom de la Convention européenne des droits de l'homme, supérieure au droit français et supérieure à la convention franco-tchadienne, le tribunal ne peut que nous libérer.

Le président du tribunal fixe le plafond pendant plusieurs heures. Ses deux assesseurs, deux femmes, semblent très intéressées et ont l'air de suivre chaque explication.

Gilbert, le plus médiatique mais aussi le plus politicien de nos six avocats, ne se prive pas du plaisir d'apostropher le procureur général. Il trouve scandaleux que le procureur ose réclamer huit ans de prison pour maintenir les « bonnes relations politiques entre la France et le Tchad ». Le tribunal n'a en théorie pas pour vocation de faire plaisir aux politiques mais de rendre la justice en se fondant sur le droit, et rien que sur le droit. Belle démonstration.

Après plusieurs heures de plaidoiries, interminables, j'ai hâte qu'on en finisse et que le juge nous rende notre liberté. Malheureusement, malgré l'évidence et la pertinence des arguments énoncés lors des plaidoiries, le juge décide de mettre le jugement en délibéré jusqu'au 28 janvier ! Nouvelle désillusion, encore deux semaines à faire à Fresnes.

Je retourne donc dans ma chambre d'hôpital de Fresnes pour parfaire mon état de santé. Entre-temps, Emilie, Phil et Alain ont été entendus par un juge d'instruction chargé du « volet français » de l'affaire. Le juge les a mis en examen, assorti d'une interdiction de communiquer avec moi.

Oui, ça ressemble vraiment à de la persécution.

Je compte les jours, interminablement longs, jusqu'au 28 janvier. Retour au palais de justice de Créteil, même escorte, même fanfare, mêmes banderoles, salle toujours aussi comble...

A la surprise presque générale, le président du tribunal estime que la justice tchadienne s'est prononcée dans des conditions normales et conformes au droit, et qu'en conséquence il convient de nous condamner à huit ans de prison ! Tollé dans la salle, cris et insultes fusent de toute part et le juge se retire rapidement. Le couperet vient de tomber ! La justice française nous envoie en prison pour huit ans. Tout le monde n'est pas surpris par ce verdict, et pour cause. Une heure avant l'audience, donc une heure avant que le président du tribunal ne rende son jugement public, des tracs ont été distribués aux journalistes, reprenant mot pour mot la condamnation qui va être annoncée. Un journaliste confie même avoir reçu le document la veille par e-mail.

J'ai risqué ma vie en allant au Darfour, ou à tout le moins de croupir dans une geôle soudanaise, j'ai affronté beaucoup de dangers, pris beaucoup de précautions, pour organiser cette opération de sauvetage des orphelins du Darfour. Mais jamais je n'avais imaginé être ainsi « exécuté » par mon propre pays réputé Etat de droit et berceau des droits de l'homme. Qui d'entre nous aurait pu l'imaginer ?

Chapitre 17

Epilogue de l'affaire

Retour à Fresnes, pour un bon moment cette fois-ci. Mon désarroi est total. Que faire ? Me laisser mourir de faim pour qu'ils daignent libérer les cinq autres ? C'est la seule solution que je vois pour empêcher mes cinq compagnons d'infortune de croupir en prison. Ils ne méritent pas ça. Je ne peux pas vivre avec ce poids sur les épaules. Si j'étais resté bien sagement dans mon canapé à regarder à la télévision, comme tout le monde, les gens mourir dans ces contrées lointaines dont on se moque éperdument, mes amis ne seraient pas en prison aujourd'hui.

Bien sûr, Emilie, Phil, Alain m'ont tous dit qu'ils ne regrettaient rien, que chacun était libre de participer à cette mission, que chacun avait ses raisons personnelles et intérieures de participer à cette aventure, mais cela n'atténue pas mon sentiment de culpabilité de les avoir entraînés dans cet enfer.

Beaucoup d'amis m'écrivent pour me témoigner leur soutien, pour me dire de ne pas craquer, de ne pas commettre l'irréparable...

Mais peuvent-ils comprendre ma détresse ?

C'est le courrier d'une amie qui va me faire réagir. Elle me connaît suffisamment pour savoir que j'irai jusqu'au bout de mes idées et que je passerai à l'acte si c'est la seule façon de sauver mes amis. Mais elle me demande une chose, une seule, c'est de ne pas partir avec la vérité. Tant de gens dehors, nos familles, nos proches, nos amis, nos soutiens, ont besoin de connaître la vérité. Cette vérité qui a été si bien écrasée par la chape de plomb de la « version officielle », elle doit sortir ! D'une façon ou d'une autre ! Et je suis le seul à avoir tous les éléments, alors je n'ai pas le droit de taire et de détruire la vérité, je dois l'écrire. C'est impératif !

Ecrire une telle histoire, si complexe, si longue, si dure, je ne sais même pas par où commencer.

Début février, les médecins estiment que mon état de santé est satisfaisant, je suis donc transféré à la maison d'arrêt. J'y retrouve Phil qui est à quelques cellules de la mienne. Doudou et Alain ne sont plus là, ils ont été transférés à Caen et à Reims pour être plus près de leurs familles. Phil, lui, attend son transfert dans le sud de la France pour être plus proche de sa femme.

Le 7 février, après d'intenses combats au Tchad ces dernières semaines, pendant lesquels la France a apporté une aide militaire substantielle au régime du président Déby, ce dernier déclare aux médias qu'il envisage de gracier les membres de L'Arche de Zoé si Paris en fait la demande...

Mais quand même, gracier les « abominables criminels » que nous sommes un mois seulement après notre lourde condamnation à huit ans, ce n'est pas très crédible. Cela dit, qu'est-ce qui est crédible dans cette affaire ?

Les demandes de grâce sont transmises immédiatement et devraient, selon nos avocats, prendre deux ou trois semaines. Il est donc probable que nous retrouvions la liberté fin février...

Quelques jours plus tard, je suis convoqué chez le juge d'instruction chargé du « volet français » de l'affaire. Juste avant cela, un petit tour par les locaux de la police judiciaire. La brigade des mineurs souhaite m'auditionner. Sur les conseils de mon avocat, je refuse de répondre à leurs questions pour des raisons à la fois simples et évidentes. Ils m'ont déjà auditionné au mois d'août, à l'époque le commandant de la brigade des mineurs m'avait dit de manière très explicite, après quatre heures d'audition, qu'il avait bien compris qu'il n'avait pas affaire à un délinquant. Le 26 octobre, au lendemain de notre arrestation au Tchad, cette même brigade des mineurs a perquisitionné chez moi. Le 27 octobre, après que Rama Yade a commencé son lynchage médiatique de L'Arche de Zoé, le PV de mon audition à la brigade des mineurs s'est retrouvé diffusé sur Internet.

En termes pénaux, cela s'appelle une violation du secret de l'instruction, délit fréquent dans les affaires médiatiques et jamais réprimé. Ce ne serait pas sérieux.

On ne sait donc pas comment le PV de mon audition qui était dans l'ordinateur du commandant de la brigade des mineurs a fini sur Internet.

On ne sait pas non plus comment des documents, tels que mes courriers au Quai d'Orsay, à Rachida Dati ou à Cécilia Sarkozy, qui étaient stockés dans mon ordinateur personnel saisi par la brigade des mineurs lors de la perquisition à mon domicile, ont terminé dans les pages du *Canard enchaîné*. Le mystère s'épaissit !

Et puis, bon nombre de familles du Cofod m'écrivent pour me raconter leur audition à la brigade des mineurs. Elles m'expliquent que là-bas on me décrit comme un voyou, comme si on voulait les inciter à porter plainte contre moi.

Donc, même si cela lui a fortement déplu, j'ai décidé de ne pas répondre aux nouvelles questions du commandant de la brigade des mineurs et préfère garder mes déclarations pour le juge d'instruction.

Avant mon passage chez le juge, la brigade financière souhaite également m'entendre. Ils ont un certain nombre de questions sur le financement de l'opération humanitaire au Tchad. L'argent est un sujet « sensible » qui se prête facilement aux ragots (ainsi, selon un article de presse paru après notre arrestation au Tchad, je suis le gourou d'une secte et j'ai monté cette opération pour m'acheter un château en Espagne !). Je décide de répondre aux questions de la brigade financière pour qu'il ne puisse pas y avoir le moindre sous-entendu ni la moindre rumeur de dissimulation. Je réponds donc à toutes leurs questions pendant près de cinq heures. Ce qui les surprend le plus dans notre affaire, c'est que lors des perquisitions, près de trois cent mille euros de chèques non encaissés aient été saisis ; et aussi que j'aie laissé, pendant que j'étais au Tchad, des délégations de signature complètes à Christophe et Fanny. « Vous devez avoir sacrément confiance en ces gens pour leur laisser la signature avec des montants pareils en jeu ? Dans notre métier on voit des “dérives” pour des montants bien inférieurs... »

Ma réponse est sans équivoque car évidemment que j'avais et que j'ai toujours une confiance aveugle en Christophe et Fanny. La preuve, c'est que ces chèques non encaissés, qui représentent les trop-perçus de dons pour notre opération, sont toujours là et que personne, ni eux ni moi, n'a songé à les encaisser pour se payer des vacances aux Bahamas !

Après cette longue audition, suivie d'une nuit à l'hôpital à cause de mon état de santé encore « précaire », je suis présenté au juge d'instruction, assisté de Céline mon avocate.

En préambule, j'explique au juge que j'ai refusé de répondre aux questions de la brigade des mineurs afin d'éviter que mes déclarations ne fassent la une de la presse, mais que bien évidemment je répondrai à toutes ses questions car je n'ai rien à cacher.

Le juge m'explique alors point par point les trois motifs de ma mise en examen :

– Aide à l'entrée et au séjour irrégulier de mineurs étrangers.

– Escroquerie (trois familles d'accueil ont porté plainte).

– Exercice illicite de l'activité d'intermédiaire en adoption.

Des réponses s'imposent !

Tout d'abord sur l'« aide à l'entrée et au séjour irrégulier », je fais remarquer au juge qu'à ma connaissance aucun des 103 enfants n'est arrivé sur le sol français. Il n'y a donc pas eu d'« entrée » ni de « séjour ». Quant au caractère « irrégulier », je lui précise que notre opération, si elle avait abouti, prévoyait une arrivée à l'aéroport de Vatry où nous aurions présenté les enfants à la police des frontières pour obtenir une « Autorisation Provisoire de Séjour » (APS) qui aurait permis aux enfants d'entrer régulièrement sur le territoire français pour faire ensuite une demande d'asile. En même temps que les familles du Cofod, les gendarmes et le sous-préfet étaient présents à Vatry pour nous attendre, les images des nombreux médias présents sur place en attestent. Il n'y a donc jamais eu de tentative ou de volonté de faire entrer clandestinement ou irrégulièrement ces enfants en France. Bien au contraire même ! Cette accusation d'« aide à l'entrée et au séjour irrégulier de mineurs étrangers » n'est absolument pas fondée.

Sur l'accusation d'escroquerie, trois des 260 familles d'accueil du Cofod ont décidé de porter plainte contre nous. Sans doute ces trois familles sont-elles désolées, voire frustrées, de l'échec de l'opération. Elles estiment avoir fait un don à L'Arche de Zoé sans être « récompensées » par l'accueil d'un enfant du Darfour. J'explique au juge, qui a déjà les documents dans son dossier, que toutes les familles d'accueil ont signé une charte d'engagement à l'accueil d'urgence d'un orphelin du Darfour au cas où nous arriverions à les évacuer vers la France. Les risques de l'opération ont été largement expliqués aux familles et aucun lien n'a été fait entre les dons nécessaires au financement de l'opération humanitaire et un éventuel accueil. A contrario de ces trois familles qui portent plainte contre nous, quarante familles ont demandé à être mises en examen par solidarité avec nous. Cela permet de relativiser cette accusation à mon sens « gratuite », car même si elle n'a pas abouti comme espéré, l'opération a bien été menée et les dons ont bien été utilisés pour ce à quoi ils étaient destinés.

Je veux bien comprendre que les déceptions conduisent à chercher des boucs émissaires, mais de là à en faire des escrocs...

La troisième accusation concernant l'adoption n'est pas plus fondée que les deux premières. Comme je l'ai déjà longuement expliqué depuis le mois de mai 2007, y compris aux fonctionnaires du Quai d'Orsay, notre opération d'évacuation d'urgence d'orphelins du Darfour était basée sur la convention de Genève de 1951 qui permet d'accorder le droit d'asile aux personnes persécutées dans leur pays et n'a rien à voir avec la convention de La Haye de 1993 sur l'adoption. Les familles du Cofod ont signé une charte d'engagement pour un accueil d'urgence et non pas pour une adoption. Enfin, dernier détail, non négligeable, si l'opération d'évacuation avait abouti et que les 103 enfants étaient arrivés en France, ce sont les services de l'Aide sociale à l'enfance qui auraient été les seuls habilités à décider du placement des enfants et, à plus long terme, à évaluer toute possibilité d'adoption. L'Arche de Zoé n'a aucune compétence juridique en la matière et son action s'arrêtait à Vatry. Les accusations d'adoptions clandestines ou illégales sont de la pure calomnie.

A propos de « justice », il y a un point qui m'échappe.

Je suis mis en examen pour les trois motifs, entrée irrégulière, escroquerie et adoption. Emilie et Christophe sont également mis en examen pour ces trois motifs m'ayant aidé à organiser l'opération. Philippe, en tant que président du Cofod, subit le même traitement. Alain, qui est vice-président du Cofod et qui a participé à la même mission que Philippe (mêmes lieux, même durée), n'est mis en examen que pour l'« entrée irrégulière ». Marie-Agnès, qui est aussi vice-présidente du Cofod et qui a effectué la même mission que les autres, n'est mise en examen pour aucun de ces trois motifs. Elle est juste inquiétée pour avoir refusé de donner ses enregistrements vidéo aux juges. Elle avait déjà échappé aux poursuites au Tchad en rentrant en avion présidentiel grâce à sa carte de presse, voilà qu'elle échappe également au « volet français ».

Enfin, parce qu'il faut bien une explication à ce lynchage qui vise à nous discréditer et à nous faire passer pour des gangsters, j'ai expliqué au juge mes trois années d'action humanitaire et notamment les années 2005 et 2006 où j'ai tenté, en vain, de dénoncer publiquement les abus, les dérives et les détournements de fonds opérés sur la colossale manne financière du tsunami. Cela me vaut sans doute quelques inimitiés au Quai d'Orsay et dans certaines ONG ou agences onusiennes. De là vient peut-être le lynchage généralisé de L'Arche de Zoé après notre arrestation par les autorités tchadiennes et la saisie du Boeing 757.

Mais on ne refait pas l'histoire, on la vit, parfois on la subit, et dans tous les cas il faut l'assumer.

Et si l'on essaie de considérer l'aspect positif, il est possible de voir ce procès en France comme une nouvelle tribune pour crier de nouveau haut et fort la vérité ! Le juge d'instruction chargé du « volet français » va pouvoir auditionner tous les témoins directs ou indirects de cette affaire d'Etats...

De retour dans ma solitude de cette froide cellule de Fresnes, il n'y a plus qu'à attendre la fin du mois de février et cette grâce promise. Ça me laisse le temps d'écrire cette vérité que tout le monde attend dehors.

Le président Sarkozy se rend au Tchad le 27 février 2008 pour une visite officielle. Nos avocats ne peuvent se retenir de nous communiquer la nouvelle ; après tout ce remue-ménage médiatique, nul doute que le président va revenir de ce voyage avec nos grâces.

Eh bien, non ! Officiellement, c'est tout juste s'il aborde le sujet avec le président Déby.

En tout cas, le 1er mars, mon décor quotidien n'a pas changé, c'est toujours la cellule n° 158 de la prison de Fresnes.

Le 7 mars le président Déby intervient de nouveau à la télé, un mois jour pour jour après sa dernière déclaration, et il évoque de nouveau la grâce des six membres de L'Arche de Zoé. Jusque-là rien d'inédit. Il annonce que cela pourrait se faire dans moins d'un mois. Voilà qui rallonge les délais ! D'une sortie probable fin février, on vient de passer à une sortie possible fin mars, mais pour cela, parce qu'il y a aussi un « mais », il faut dédommager le Tchad à hauteur de 6,3 millions d'euros, sous le prétexte d'indemniser « les familles » des 103 enfants.

Qui est dupe quant à la destination de l'argent ?

L'Arche de Zoé ne dispose pas d'une telle somme pour payer la « rançon ». La France n'ayant pas envie de faire comme l'Espagne qui a trouvé une solution « diplomatique » pour récupérer son avion, la grâce arrivera peut-être un jour. On ne sait pas quand. Sans doute pas très rapidement. A moins que, par miracle, un généreux bienfaiteur du club « Françafrique » ne soit pris de remords et fasse le geste nécessaire pour obtenir une libération.

Finalement, c'est encore *Le Canard enchaîné* qui révélera le pot-aux-roses dans son édition du 5 mars. La France a fourni gratuitement, et discrètement, fin février 2008, vingt véhicules blindés à l'armée tchadienne. Le 31 mars 2008, le président Déby signe enfin les décrets de grâce des six membres de L'Arche de Zoé qui sont libérés en quelques heures. Evidemment, les autorités françaises nieront avoir payé la moindre rançon ou fourni le moindre matériel militaire en guise de compensation, tout comme elles nient avoir jamais eu connaissance de l'opération de L'Arche de Zoé.

A la mi-mars, le gouvernement tchadien a renvoyé 80 des 103 enfants dans les provinces de Tiné et d'Adré, à la frontière du Darfour. Ces enfants, dont la survie aurait été certaine s'ils avaient obtenu le droit d'asile en France, ou quasi certaine s'ils avaient été mis à l'abri à Abéché, se retrouvent aujourd'hui de nouveau en situation de précarité et de vulnérabilité dans une zone de guerre. Dans les mois et les années qui viennent, 20, 30 ou 40 de ces enfants vont mourir. C'est une certitude. C'est abominable.

Conclusion

Ce livre aura, je l'espère, permis au plus grand nombre de comprendre la véritable histoire de L'Arche de Zoé et sa motivation à bousculer l'ordre établi, à défier, à ses risques et périls, les plus grands réseaux d'influence pour tendre, enfin, une main généreuse à la population martyrisée du Darfour.

A Zoé, la petite orpheline du tsunami, va désormais succéder, pour guider nos pas et nos cœurs, une résistance invisible, permanente, quotidienne et ô combien nécessaire pour sauver les enfants en danger.

L'Arche de la Résistance poursuivra le combat avec toutes celles et tous ceux qui veulent continuer de croire en un avenir meilleur pour notre planète et ses habitants.

La plus grande richesse que nous devons protéger, ce n'est pas le pétrole, l'uranium, l'or, les diamants les territoires ou les petits pouvoirs. Notre plus grande richesse, ce sont nos enfants.

Quand on donne à un enfant une arme de guerre, on ne peut qu'en faire un soldat meurtrier. Quand on offre à un enfant une éducation, on peut en faire un prix Nobel ou au moins un être humain.

Ce sont nos enfants qui seront et feront l'humanité de demain, et c'est à nous qu'il incombe aujourd'hui de leur en donner les moyens.

Eric BRETEAU, le 28 avril 2008.
www.archedezoe.fr

Annexes

Communiqué de presse

Paris, le 28 avril 2007

10 000 orphelins du Darfour évacués vers l'Europe et les USA

Voilà 4 ans que dure le conflit du Darfour, à l'ouest du Soudan. Quatre ans que des millions de civils innocents, pour la plupart des femmes et des enfants, sont massacrés, torturés, violé(e)s, pillés, affamés et chassés de leurs villages par la dictature islamiste du gouvernement soudanais ou les milices qu'il a armées, les Janjaweeds.

Plus de 4 millions de personnes sont aujourd'hui touchées par le conflit et dans quelques mois des milliers d'enfants vont mourir.

Après la Bosnie et le Rwanda, l'ONU et la communauté internationale démontrent, une nouvelle fois, qu'elles ne peuvent pas arrêter le massacre. Sur place depuis quatre ans, leur incapacité à faire respecter les droits de l'homme et à protéger les populations civiles coûte tous les jours en vies humaines.

Une nouvelle fois, la diplomatie et la politique onusiennes ont échoué.

Face à cette réalité incontournable et accablante, qui laisse bien peu d'espoir de survie aux populations civiles du Darfour, nous devons refuser la fatalité et le sort tragique réservé à plus de 2 millions d'innocents, nous pouvons encore sauver les enfants du Darfour !

L'Arche de Zoé, association humanitaire œuvrant au secours des enfants depuis le tsunami du

26 décembre 2004, lance une opération d'évacuation des enfants orphelins du Darfour.

Elle propose aux familles d'accueil qui le souhaitent de venir en aide et de prendre en charge dans leur foyer un enfant orphelin de moins de cinq ans, réfugié de la guerre au Darfour.

Le droit international le permet autant que la morale l'impose.

Il faut sortir de la logique des discours politiques stériles, de l'humanitaire alibi et des négociations diplomatiques interminables.

La survie des enfants passe par des actes. Maintenant !

Dans quelques mois, ces enfants seront morts.

Avec le soutien de *Sauver le Darfour* (www.sauverleDarfour.org) et de plusieurs ONG, tous ensemble, relevons le défi de sauver 10 000 enfants du Darfour de la folie des hommes et offrons-leur un avenir, offrons-leur la vie !

Contacts :

L'Arche de Zoé **Sauver le Darfour**

www.archedezoe.fr
www.sauverleDarfour.org

Communiqué de presse
du 8 mai 2007

Massacres au Darfour, L'Arche de Zoé
lance un cri d'alarme :

« Il faut sauver les enfants du Darfour
pendant qu'il est encore temps,
dans quelques mois, ils seront morts ! »

Voilà 4 ans que dure le conflit du Darfour, à l'ouest du Soudan. Quatre ans que des millions de civils innocents, pour la plupart des femmes et des enfants, sont massacrés, torturés, violés, pillés, affamés et chassés de leurs villages par la dictature islamiste du gouvernement soudanais ou les milices que ce dernier a armées, les Janjaweeds.

De très nombreux rapports des Nations unies et de diverses ONG ont dénoncé les atrocités commises sur les populations civiles, les crimes de guerre et les crimes contre l'humanité perpétrés par les intégristes de Khartoum. Sans effet !

De nombreux médias ont montré au monde entier les images insoutenables de cette population martyrisée, des « people » se sont mobilisés, des collectifs de soutien à la population du Darfour ont été créés dans plus de 50 pays... Mais l'indifférence générale persiste.

Après le Sud-Soudan, où plus de 3 millions de personnes ont été tuées en 20 ans de conflit, c'est aujourd'hui au Darfour que le gouvernement du Soudan impose dans le sang sa tyrannie.

Alors que le régime de Khartoum ne « reconnaît » que 9 000 morts au Darfour, les Nations unies faisaient état d'au moins 200 000 morts dès 2005. Aujourd'hui, en avril 2007, à défaut de bilans officiels sérieux, y compris de la part des institutions onusiennes obligées de cacher ou de minimiser les rapports pour ménager le contexte diplomatique, l'analyse des bilans des organisations humanitaires démontre que plus de 550 000 personnes ont « disparu » des statistiques. Le bilan est même sans aucun doute beaucoup plus lourd si on tient compte du fait que les ONG et les différentes agences des Nations unies (Unicef, Programme Alimentaire Mondial, Organisation Mondiale de la Santé, Haut Commissariat aux Réfugiés...) n'ont pas accès à toutes les zones du Darfour, entravées par la police et l'administration soudanaise.

Au Darfour, le droit humanitaire n'a pas plus de valeur que les droits de l'homme...

Plus de 4 millions de personnes sont aujourd'hui touchées par le conflit et des milliers d'enfants du Darfour vont continuer de mourir. **Au Darfour, aujourd'hui, un enfant meurt toutes les 5 minutes !**

Après la Bosnie et le Rwanda, l'ONU et la communauté internationale démontrent, une nouvelle fois, qu'elles ne peuvent pas arrêter le massacre. Sur place depuis quatre ans, leur incapacité à faire respecter les droits de l'homme et à protéger les populations civiles coûte tous les jours en vies humaines.

Pour trouver une issue au conflit du Darfour, la communauté internationale ne fait que se reposer et se réfugier derrière les diplomates de l'ONU, donnant parfaitement bien l'illusion qu'elle agit.

Une mascarade d'accord de paix a même été signée le 17 mai 2006 entre le gouvernement de Khartoum et quelques factions rebelles. La seule conséquence notable de cet accord de paix a été une très forte extension des zones de massacres au Darfour.

Pire encore, l'ONU et les agences humanitaires ont,

au travers de leurs activités et de leurs différents programmes, injecté ces dernières années plusieurs milliards de dollars dans l'économie soudanaise (achats locaux, personnels locaux, taxes diverses, frais de vie des staffs expatriés, organisations humanitaires rackettées par l'administration soudanaise, vols de marchandises et de véhicules par les milices qui ont ainsi pu remplacer leurs chameaux par de beaux 4 × 4, etc.). Ces milliards de dollars ont finalement profité en premier lieu aux fondamentalistes de Khartoum et ont renforcé leur puissance et leur pouvoir sur les populations vulnérables.

Une simple visite de Khartoum permet de mesurer combien les Nations unies et les grandes entreprises internationales font vivre l'économie de la ville, à un niveau bien supérieur aux villes et villages du Darfour.

Une nouvelle fois, la diplomatie et la politique onusiennes ont malheureusement échoué !

Parmi les raisons de ce nouveau fiasco onusien, il faut noter le manque de soutien politique de ses Etats membres dans la lutte contre le régime soudanais.

La Chine, premier partenaire officiel du régime de Khartoum, joue de son droit de veto pour protéger le Soudan des sanctions internationales et ainsi protéger ses propres approvisionnements en pétrole soudanais, et vendre en retour (légalement ou non) autant d'armes que possible à son partenaire sanguinaire. La Chine est, dans les faits, un véritable complice des crimes contre l'humanité commis au Darfour.

Il suffit, pour s'en convaincre, de croiser sur les pistes du Darfour les milliers d'enfants-soldats (de 10 à 18 ans), vêtus de guenilles, sans une paire de sandales, mais avec dans les mains une Kalachnikov flambant neuve !

La communauté internationale préfère fermer les yeux sur les massacres des populations civiles et les crimes contre l'humanité, en soulageant sa conscience par quelques subventions aux organisations humanitaires, plutôt que de risquer de perturber l'économie mondiale.

Ainsi fonctionne le monde des affaires !

Beaucoup réclament aujourd'hui le déploiement des Casques Bleus au Darfour.

Cela permettrait, paraît-il, de protéger les populations civiles...

Un beau trompe-l'œil idéologique car l'ONU ne s'est jamais interposé directement dans un conflit. Aucun pays occidental n'est prêt aujourd'hui à dépenser de l'argent et à risquer la vie de ses soldats pour une guerre qui n'est pas la sienne. **Les Casques Bleus n'interviendront au Darfour que dans quelques années, après de longues négociations avec Khartoum, après des millions de morts.** Les populations de l'ex-Yougoslavie, du Rwanda et du Sud-Soudan en ont déjà fait les frais par le passé, sans que l'on en tire visiblement de leçon.

Face à cette réalité incontournable et accablante, qui laisse bien peu d'espoir de survie aux populations civiles du Darfour, il faut refuser la fatalité et le sort tragique réservé à plus de 4 millions d'innocents.

Les enfants du Darfour, comme les autres, méritent de vivre.

Conformément aux déclarations universelles des droits de l'homme et des droits de l'enfant, à la convention de Genève de 1949, aux conventions de 1951 et 1989 définissant les droits des enfants réfugiés de guerre, nous pouvons encore sauver les enfants du Darfour en les évacuant des zones de massacres et en leur offrant le droit d'asile en Europe et en Amérique. Le droit international le permet autant que la morale l'impose.

Nous pouvons, ensemble, sauver les enfants du Darfour en devenant leur famille d'accueil dans nos pays en paix.

L'Arche de Zoé, association humanitaire œuvrant au secours des enfants depuis le tsunami du 26 décembre 2004, organise **une opération d'évacuation des enfants orphelins du Darfour.**

Elle propose aux familles volontaires de venir en aide et d'accueillir bénévolement dans leur foyer un enfant orphelin de moins de cinq ans, réfugié de la guerre au Darfour.

Les enfants orphelins, ou « enfants non accompagnés », sont les victimes les plus vulnérables de n'importe quel conflit. Sans aucun moyen de subvenir seuls à leurs besoins vitaux car ne disposant pas de l'autonomie d'un adulte, ces enfants sont très rapidement en danger. Les orphelins du Darfour qui n'ont pas la chance d'avoir été pris en charge ni par la communauté locale ni par les organisations internationales, très souvent dépassées, se retrouvent rapidement en situation de détresse. Isolés, beaucoup sont condamnés à mourir rapidement ou, pour les plus grands, à être enrôlés de force comme enfants-soldats.

Plus que toute autre catégorie de victimes, les enfants orphelins sont la priorité.

En France, en Grande-Bretagne, aux USA, au Canada, et dans tous les pays d'Europe, plusieurs milliers d'enfants peuvent échapper à une mort programmée si nous leur ouvrons nos bras, nos cœurs et nos foyers !

Les équipes de L'Arche de Zoé, composées de médecins, d'infirmières, de sapeurs-pompiers et d'autres spécialistes, assureront une prise en charge complète des enfants depuis les zones de guerre jusqu'à leur arrivée dans la famille d'accueil, en veillant tout particulièrement au confort matériel et affectif des enfants. Consciente des traumatismes déjà infligés à ces enfants pendant le conflit (blessures, maladies, villages brûlés, massacres de leur famille, etc.), L'Arche de Zoé assurera un suivi médical et psychologique à long terme afin de minimiser autant que possible l'impact du déracinement et des séquelles de cette guerre.

En s'appuyant sur le droit international et l'aide des ONG, dans le respect du droit et des institutions du pays d'accueil, la famille assurera l'intégration de l'enfant en déposant une demande de droit d'asile, suivie, si elle le souhaite, d'une demande d'adoption. Ces formalités sont très longues, mais pendant ce temps-là, l'enfant aura été sauvé et mis à l'abri des dangers.

L'Arche de Zoé s'exposera certainement aux foudres de Khartoum, de certains politiciens, de quelques philosophes ou autres « grands penseurs » qui vont crier au scandale en parlant d'éthique, d'illégalité ou de traumatisme psychologique des enfants déracinés...

Mais l'extermination en cours au Darfour, n'est-elle pas déjà scandaleuse, illégale et traumatisante ?

Le commerce du pétrole et des armes, entaché du sang des enfants, n'est-il pas déjà scandaleux, illégal et traumatisant ?

Les enfants orphelins du Darfour ayant vu leur village brûlé, leur famille massacrée, leurs sœurs violées ne sont-ils pas déjà exposés à des traumatismes et des périls beaucoup plus grands en restant au Darfour ?

Comme souvent, pendant que certains se trouveront une multitude de raisons de ne rien faire, d'autres essuieront les critiques mais agiront.

Il faut sortir de la logique des discours politiques stériles, de l'humanitaire alibi et des négociations diplomatiques interminables... La survie des enfants passe par des actes. Maintenant !

Dans quelques mois, ces enfants seront morts.

Comme plusieurs centaines de familles qui se mobilisent à travers toute l'Europe (France, Belgique, Suisse, Espagne, Grèce, etc.), devenez la famille d'accueil d'un enfant du Darfour, contactez sans attendre l'association `L'Arche de Zoé` en visitant notre site Internet www.archedezoe.fr.

CHARTE D'ENGAGEMENT

Opération d'évacuation des orphelins du Darfour

PRÉAMBULE

La guerre civile qui ravage la province du Darfour, à l'ouest du Soudan, depuis 2003 a déjà tué plusieurs centaines de milliers de personnes. Comme le dénoncent les 15 résolutions des Nations unies de 2004 à 2006, le gouvernement soudanais organise, directement ou indirectement, la persécution des populations civiles en commettant les pires atrocités envers les femmes et les enfants, en commettant des crimes de guerre et des crimes contre l'humanité.

Depuis 4 ans, la communauté internationale et l'Organisation des Nations Unies se montrent impuissantes à faire cesser les massacres de civils innocents et à faire respecter les « Droits de l'Homme » dans cette région du monde.

Face à ce constat accablant, qui ne laisse aucun espoir d'une issue prochaine à cette crise et d'un retour de la sécurité pour les populations civiles, l'association humanitaire L'Arche de Zoé organise une opération d'évacuation humanitaire d'urgence pour les enfants orphelins du Darfour.

Vu la Déclaration Universelle des Droits de l'Homme de 1948 (annexe 1) et notamment les articles suivants :

L'article 3 :
« *Tout individu a droit à la vie, à la liberté et à la sûreté de sa personne.* »
L'article 14-1 :
« *Devant la persécution, toute personne a le droit de chercher asile et de bénéficier de l'asile en d'autres pays.* »

Vu la Convention des Nations unies de 1989 relative aux droits de l'enfant (annexe 2) et notamment les articles suivants :

L'article 22 :
« *Les Etats parties prennent les mesures appropriées pour qu'un enfant qui cherche à obtenir le statut de réfugié ou qui est considéré comme réfugié en vertu des règles et procédures du droit international ou national applicable, qu'il soit seul ou accompagné de ses père et mère ou de toute autre personne, bénéficie de la protection et de l'assistance humanitaire voulues pour lui permettre de jouir des droits que lui reconnaissent la présente Convention et les autres instruments internationaux relatifs aux droits de l'homme ou de caractère humanitaire auxquels lesdits Etats sont parties.* »

L'article 38 :
« *Conformément à l'obligation qui leur incombe en vertu du droit humanitaire international de protéger la population civile en cas de conflit armé, les Etats parties prennent toutes les mesures possibles dans la pratique pour que les enfants qui sont touchés par un conflit armé bénéficient d'une protection et de soins.* »

Vu la Convention de Genève du 28 juillet 1951 (annexe 5) et notamment son article 1er, A, c'est-à-dire : « *... le terme " réfugié " s'appliquera à toute per-*

sonne craignant avec raison d'être persécutée du fait de sa race, de sa religion, de sa nationalité, de son appartenance à un certain groupe social ou de ses opinions politiques, qui se trouve hors du pays dont elle a la nationalité et qui ne peut, ou, du fait de cette crainte, ne veut se réclamer de la protection de ce pays ; ou qui, si elle n'a pas de nationalité et se trouve hors du pays dans lequel elle avait sa résidence habituelle à la suite de tels événements, ne peut, ou en raison de ladite crainte, ne veut y retourner. »

OBJET :

La présente charte d'engagement présente les actions et les engagements entre :

– **L'Arche de Zoé**, association humanitaire, qui procédera à l'évacuation des enfants,
– le collectif des familles accueillantes dénommé **« Collectif des familles pour les orphelins du Darfour »**,
– les **familles accueillantes**, nominativement

L'Arche de Zoé, la famille et le collectif des familles pour les enfants du Darfour mettent en commun leurs moyens et leur volonté de faire aboutir, à chaque étape du projet, l'évacuation, l'accueil et la prise en charge des enfants orphelins du Darfour au sein d'une famille.

ENGAGEMENTS DE L'ARCHE DE ZOÉ

En signant cette charge d'engagement, **L'Arche de Zoé**, en tant qu'organisateur de l'opération d'évacuation, s'engage à assurer l'évacuation des enfants orphelins du Darfour dans le respect du droit international, dans l'intérêt des enfants et dans l'unique but de leur sauver la vie.

Elle s'engage également lors de l'évacuation à ne faire aucune action illégale ou dangereuse sur le sol français ou international, qui engagerait la sécurité des enfants, des familles d'accueil ou des équipes bénévoles de L'Arche de Zoé.

L'association humanitaire L'Arche de Zoé procédera dans le courant de l'année 2007, avec l'aide d'autres organisations humanitaires, à l'évacuation des enfants orphelins du Darfour en procédant de la manière suivante :

1/ Les enfants orphelins du conflit civil au Darfour seront identifiés par les tribus et/ou communautés locales des trois provinces du Darfour (Nord, Sud et Ouest).

Les autorités locales reconnues (chef de village, chef de tribu) rédigeront, par écrit, une attestation permettant de définir avec certitude l'identité des enfants ainsi que leur statut « d'orphelin de mère et de père, sans famille proche connue susceptible de les prendre en charge ».

Par cette même attestation, les autorités locales préciseront la situation de péril imminent de ces enfants et demanderont aux organisations humanitaires présentes de procéder à leurs évacuations, afin de les mettre à l'abri des dangers en leur permettant de trouver asile en France et ainsi, de leur sauver la vie.

2/ Dès lors qu'un enfant aura été formellement identifié comme orphelin et qu'une demande d'évacuation aura été formulée par écrit par une autorité locale, les organisations humanitaires assureront la prise en charge de l'enfant et procèderont à son évacuation vers la France.

Pendant l'ensemble de l'opération d'évacuation, les organisations humanitaires assureront le confort matériel et psychologique de l'enfant et lui assureront les soins médicaux que pourrait justifier son état de santé.

Pour des raisons évidentes de sécurité de l'opération, les lieux et modes d'évacuation resteront confidentiels et connus seulement des équipes d'intervention des organisations humanitaires.

3/ Afin de respecter toutes les règles du droit international, les organisations humanitaires participant à l'opération s'engagent à n'évacuer que les enfants strictement identifiés comme orphelins et dont les autorités locales ont demandé par écrit leur évacuation. Aucune compensation matérielle ou financière d'aucune sorte ne pourra être remise aux autorités locales ou aux personnes permettant ou facilitant l'évacuation des enfants en danger afin de ne pas induire de motivation autre que le seul intérêt pour la survie des enfants.

4/ Compte tenu du caractère urgent de cette opération humanitaire, de la situation précaire de ces enfants, de la très grande insécurité régnante dans les provinces du Darfour, et enfin de l'absence de passeport ou de documents de voyage de ces enfants, les organisations humanitaires procèderont à leur évacuation en urgence, sans document de voyage (visa) et formuleront pour leur compte à leur arrivée en France, une demande de sauf-conduit leur permettant ainsi d'accéder légalement sur le territoire français, puis de formuler une demande de droit d'asile.

ENGAGEMENTS DES FAMILLES ACCUEILLANTES ET DU COLLECTIF LES REPRÉSENTANT

La famille qui va accueillir un enfant orphelin du Darfour est bénévole et volontaire.

Elle s'engage à prendre en charge l'enfant, à assurer son confort affectif et matériel propice à la reconstruction de son cadre de vie qui permettra son épanouissement.

Elle s'engage également à lui donner ou à lui faire donner sans délai tous les soins médicaux que son état de santé imposera, dans le présent ou le futur.

Enfin, elle s'engage à effectuer au nom de l'enfant toutes les démarches nécessaires à sa régularisation administrative dans le pays d'accueil.

Afin d'assurer l'accueil en France des enfants orphelins du Darfour, un réseau de familles volontaires et bénévoles est mis en place, sous la forme d'une association loi 1901, régulièrement enregistrée, dont le nom est **« Collectif des familles pour les orphelins du Darfour »**.

Les familles qui seront membres du collectif s'engagent à :

– manifester leur souhait d'accueillir bénévolement un enfant orphelin du Darfour au travers d'une procédure d'inscription,

– fournir tous les justificatifs demandés lors de la procédure d'inscription (justificatifs de logement, de revenus réguliers et d'une situation stable et déclarée vis-à-vis de l'administration fiscale),

– donner, pour celles qui en possèdent, un justificatif de leur agrément, délivré par les autorités du pays d'accueil attestant, après enquête des services de l'Aide Sociale à l'Enfance, de leur capacité à accueillir un enfant dans leur foyer.

– à assurer, en toute conscience, l'accueil d'un enfant orphelin du Darfour, en se conformant aux règles et lois en vigueur, en suivant les recommandations de **L'Arche de Zoé** et du **Collectif des familles pour les orphelins du Darfour**, en assurant toutes les démarches administratives utiles et nécessaires à la bonne intégration de l'enfant et dans le strict respect des lois françaises.

Fait à Paris, en trois exemplaires originaux

le __________

Pour **L'Arche de Zoé**	Pour la famille d'accueil
Son président	Nom, Prénom, et signature

Pour le **Collectif des familles pour les orphelins du Darfour**

Son président

Cour criminelle de N'DJAMENA

Audience du 21 décembre 2007

Selon l'ordonnance du Juge d'Instruction en date du 07.12.07, (Pièce A1) et l'arrêt de la Chambre d'Accusation en date du 12.12.07 (Pièce A2), nous sommes accusés de :

- tentative d'enlèvement d'enfants en vue de compromettre leur état civil,
- faux en écriture publique,
- grivèlerie

Je souhaite donc répondre point par point sur ces chefs d'accusations en apportant les preuves nécessaires à la manifestation de la vérité et en répondant à la Cour sur le fond et sur la forme.

En essayant d'être bref, je demande à la Cour de me laisser le temps nécessaire pour présenter ces éléments dans leur intégralité.

A. L'ORIGINE DE L'OPERATION

Notre ONG a décidé depuis le début de l'année 2007 de venir en aide aux enfants orphelins de la guerre au Darfour, en se basant sur :

- La déclaration universelle des Droits de l'Homme,
- La déclaration universelle des Droits de l'Enfant,
- La convention de Genève de 1951 sur les droits des victimes de guerre (Pièce A3).

De 2002 à 2007, pas moins de 17 résolutions des Nations Unies dénoncent et condamnent les crimes de guerre, les crimes contre l'humanité et les massacres contre les populations civiles du Darfour.

Parmi ces populations civiles, les enfants orphelins sont les plus vulnérables, mais tous sont menacés et plusieurs centaines de milliers de civils innocents ont déjà péri.

Personne ne peut contester ces faits établis, ni contester l'assistance légitime, nécessaire et indispensable à la survie des enfants orphelins du Darfour.

La convention de Genève de 1951, ratifiée par la France et par le Tchad, prévoit la possibilité d'offrir le droit d'asile à toute personne qui est persécutée dans son pays, avec une protection particulière pour les enfants orphelins.

La population du Darfour, dont les enfants orphelins, peut prétendre au droit d'asile en France selon les termes de cette convention.

Avant le lancement de notre opération de sauvetage des orphelins du Darfour, l'ensemble des autorités Françaises ont été informées de notre action et un réseau d'accueil d'urgence de plusieurs centaines de familles a été constitué pour permettre la prise en charge des enfants du Darfour.

Nous avons notamment informé :

- La Présidence de la République Française,
- le Ministère de l'Intérieur,
- le Ministère de la Justice,
- le Ministère des Affaires Etrangères,
- l'ensemble des Députés et des Sénateurs,
- le Juge pour enfant de Reims – Vatry,
- plusieurs Conseils Généraux.

Nous avons également invité plusieurs journalistes afin de pouvoir témoigner du sauvetage des orphelins du Darfour.

Plusieurs articles de presse ont été diffusés entre mai et juillet 2007 et un site Internet présente l'ensemble de l'opération **www.archedezoe.fr.**

Cette opération humanitaire de sauvetage des orphelins du Darfour, conforme au droit international et légitime par rapport à la souffrance de la population du Darfour, ne peut certainement pas être qualifiée de "Secrète" ou de "clandestine" compte tenu de la très forte communication réalisée avant le lancement des opérations sur le terrain.

Après une première évaluation menée au Soudan, au premier semestre 2007, ayant mis en évidence l'impossibilité d'une opération humanitaire efficace compte tenu des entraves délibérées du Gouvernement Soudanais, notre opération a été lancée à partir du Tchad à compter du 17.08.07 (et non pas du 16 avril comme le précise l'arrêt de la Chambre d'Accusation du 12.12.07 en P3).

L'ensemble de nos équipes ont été enregistrées auprès des services tchadiens de l'Immigration, et ont régulièrement obtenu les autorisations de circuler auprès du Ministère de l'Intérieur et du Gouvernorat de la région du Ouaddaï à Abéché, autorisations contresignées par le Préfet en exercice de la ville d'Adré où nous avons implanté notre première base d'accueil pour les orphelins du Darfour.
Toutes les Autorités étaient informées des activités de nos centres d'accueil pour orphelins à Abéché et à Adré, et nous avons suivi les procédures qui nous ont été indiquées par le Ministère de l'Intérieur.
Aucune infraction ne peut donc nous être reprochée en matière d'immigration ou de règle de circulation à l'Est du Tchad.

L'opération de sauvetage des orphelins du Darfour a été présentée en France et au Soudan sous le nom de "l'Arche de Zoé" et réalisée au Tchad, à la frontière soudanaise, sous le nom de "CHILDREN RESCUE" pour d'évidentes raisons de sécurité à l'égard des services de Sécurités Soudanais qui pouvaient menacer à tout moment nos équipes comme les enfants.
L'ensemble de nos équipes ont été sensibilisées aux enjeux de sécurité et appelées à la plus grande discrétion tout au long de la mission afin de ne pas éveiller les Services de Renseignement Soudanais.

Pour ces mêmes raisons de sécurité nous avons fait le choix de la confidentialité vis-à-vis de nos personnels locaux, de nos partenaires Onusiens et autres ONG ainsi que des représentants des autorités locales, afin d'éviter toute fuite d'information qui aurait pu mettre en danger la mission.

Par ailleurs, le changement de nom de notre organisation n'est ni un délit ni une infraction ! et en tout état de cause avait fait l'objet d'un procès verbal d'assemblée générale permettant ce changement. (Pièce A13)

Ce choix stratégique nous a été confirmé tout au long de la mission par la peur perceptible et permanente exprimée par nos personnels locaux vis-à-vis des Services de Sécurité Soudanais, notamment pour notre équipe d'Adré à la frontière Soudanaise.
Nombre de nos personnels tchadiens se disaient épiés ou surveillés et nous disaient régulièrement craindre de "prendre une balle dans la tête" par des Soudanais voyant d'un mauvais œil notre aide à la population du Darfour.

Lors de l'implantation à Abéché et à Adré de nos centre d'accueil pour les enfants orphelins du Darfour, après les déclarations d'usage auprès des services du Préfet et de la Sécurité Publique, nous avons reçu le soutien logistique et technique du HCR (fourniture de tentes, de groupe électrogène et de matériel radio), de l'UNICEF (fourniture de laits et de produits de nutrition pour les enfants) et de l'OMS (fourniture de médicaments).

L'ensemble des agences Onusiennes venait régulièrement visiter nos bases pour évaluer le bon accueil et la bonne prise en charge des enfants orphelins du Darfour.

Notre équipe médicale, composée d'un excellent plateau technique, assurait également les consultations médicales pour l'ensemble du personnel du HCR. L'hôpital d'Abéché, la base militaire française, MSF ou encore IRC ont également fait appel aux compétences de notre équipe médicale pour les cas graves ou pour organiser des évacuations aériennes grâce à notre avion.

Nos activités d'accueil des enfants orphelins du Darfour ont été organisées au grand jour et à la connaissance de tout le monde : autorités, population, ONG et partenaires Onusiens.

Personne n'a jamais contesté notre action ni émis le moindre doute sur l'origine soudanaise des enfants présents dans nos centres.

Nous n'avons commis aucune infraction ni porté de nuisance ou de préjudice à qui que ce soit dans le cadre du déroulement de nos opérations et de l'assistance que nous avons portée aux enfants.

B- SUR L'ORIGINE DES ENFANTS

Le Juge d'Instruction déclare en page **4** de son ordonnance : " les parties civiles et témoins déclarent à l'unanimité que les membres de CHILDREN RESCUE leur avaient demandé les enfants des parents pauvres et non des orphelins de père et de mère du Darfour".

La Chambre d'Accusation en conclu que " ce sont les promesses de meilleures conditions d'éducation et de soins miroités par CHILDREN RESCUE qui avaient persuadés les parents à leur confier leurs enfants", et que "c'est en profitant de cette garde momentanée que les membres de l'Arche de Zoé ont tenté de déplacer les enfants clandestinement en France.

Ces conclusions du Juge d'Instructions et de la Chambre d'Accusation sont fausses et erronées pour plusieurs raisons :

- Le Juge d'Instruction ne peut pas dire qu'à l'unanimité les témoins ont déclarés que CHILDREN RESCUE avaient demandé les enfants des parents pauvres alors que :

1. Le procès-verbal de déposition du 21.11.07 de Moctar Fadoul Ahmat précise qu'Eric BRETEAU avait envoyé une mission à Tiné Soudan pour rechercher les enfants soudanais orphelins de père et mère.

2. Le procès - verbal de déposition du 21.11.07 de Habiba Mahamat Malloum précise " l'ONG nous a dit qu'ils allaient prendre en charge les enfants en danger orphelins du Soudan".

3. Le procès - verbal de déposition du 21.11.07 du Mahamat ERITERO précise "quand nous somme partis à Tiné, le chef de mission a dit qu'il voulait des orphelins de père et de mère de Tiné Soudan".

4. Lors des confrontations, le Sous - Préfet de Tiné, la Maire de Tiné et le Secrétaire Général de la Mairie de Tiné ont Tous confirmé avoir reçu M. Mahamat ERITERO qui leur a déclaré rechercher des orphelins de père et mère originaires du Soudan.

5. Le PV de déposition du 25 octobre de NIDJERE DJONOUMA, en qualité de Représentant des traducteurs de CHILDREN RESCUE précise que CHILDREN RESCUE a dit que son but était de s'occuper des orphelins du DARFOUR, uniquement Soudannais, qui n'ont pas de proches parents pour leur venir en aide. Elle a également précisé : « la plupart de ces enfants viennent de WADICON, SISSI, GARAI, ECCENIMIA, ect... ils ont souvent conduits par les chefs de village ou les chefs de canton qui disent les confier définitivement les orphelins à CHILDREN RESCUE.

6. Le procès - verbal de confrontation du 03.12.07 précise "c'est vrai, Mahamat ERITERO a dit à Eric que ces enfants étaient orphelins du Darfour".

7. Les enregistrements vidéo demontrent que CHILDREN RESCUE a seulement recherché des enfants orphelins du Darfour pour les prendre en charge définitivement et n'a jamais demandé à quiconque des enfants tchadiens de parents pauvres en faisant miroiter une éducation. Les enregistrements vidéo démontrent également que les enfants pris en charge par CHILDREN RESCUE ont été amené de la région de Tiné Soudan par M. Mahamat ERITERO et de la région d'Adré par M. Souleyman Ibrahim et que tous les deux ont présenté les enfants à CHILDREN RESCUE comme des orphelins du Darfour.

PRESENTATION

DE LA

VIDEO

Matériel : 1 PC avec lecteur de DVD
1 DVD du film ENCEINTES
1 BARCO
1 DRAP BLANC (+patafix)

Nous sommes donc surpris, qu'après tous ces témoignages, le Juge d'Instruction puisse conclure qu'à l'unanimité des témoins nous recherchions " des enfants tchadiens de parents pauvres" alors que notre action en faveur des enfants orphelins du Darfour est évidente.

C. SUR LE TEMOIGNAGE DE SOULEYMAN IBRAHIM

Mr Souleyman Ibrahim, en qualité de chef de village soudanais, a été le principal intermédiaire de CHILDREN RESCUE dans la région d'Adré au Tchad et la région de Wadicon au Soudan.

Après avoir fait sa connaissance, il lui a été expliqué que CHILDREN RESCUE recherchait des orphelins de père et de mère originaires du Darfour afin de les prendre en charge définitivement.

En septembre et octobre 2007, M. Souleyman Ibrahim nous a amené de nombreux enfants à la base d'Adré. Un bon nombre d'enfants présentés comme tchadiens ou ayant encore une famille proche pour s'occuper d'eux n'ont pas été acceptés par notre équipe et sont retournés dans leur village.

Les seuls enfants que M. Souleyman nous a confiés définitivement sont ceux qu'il nous a présentés comme orphelins du Darfour. Pour chacun des enfants, Souleyman donnait des précisions sur l'histoire de l'enfant, la localisation de son village au Darfour ainsi que les conditions de la mort des parents.
Lorsque Souleyman revenait quelques jours plus tard avec d'autres enfants, nous lui reposions des questions sur les enfants précédemment amenés et il confirmait à chaque fois les mêmes détails.

Les enregistrements vidéo confirment ces faits mais malgré cela M. Souleyman, dans sa déposition du 22.11, nie les faits et déclarent que "les blancs lui ont demandé des enfants tchadiens de parents démunis".
Les interprètes de CHILDREN RESCUE à Adré, Mme NIDJEME, Mme HABIBA, M. MAHMOUD et M. ZAKARIA ont confirmé dans leur déposition que les consignes de CHILDREN RESCUE étaient bien de prendre en charge les orphelins du Darfour et peuvent contredire les propos de Souleyman puisque ce sont eux qui l'ont chaque fois accueilli sur la base d'Adré. Lles enregistrements vidéo suffisent à eux seuls à démontrer les propos mensongers de M. Souleyman Ibrahim.

Enfin, il faut ajouter que les propos de M. Souleyman ont été contredits lors de la confrontation du 03.12.07 et que :

- Le 02.12.07 lors de son arrivée à la Maison d'Arrêt de N'Djamena M. Souleyman a déclaré aux Gendarmes DIAZ KOLADOL et Mahamat Saleh qu'il avait bien présenté les enfants à CHILDREN RESCUE comme des orphelins du Darfour.

- Le 04.12.07, M. Souleyman a déclaré à M. SININE AMADOU, Maire de la ville de Tiné, et détenu dans la même prison, qu'il avait menti au Juge d'Instruction sur l'origine des enfants à la demande du gouverneur d'Abéché. Peut-être a-t-il eu peur d'être renvoyé au Soudan et condamné à mort ?

- Le 05.12.07, M. Souleyman a déclaré à l'avocat de Me PADARE en visite à la prison, qu'il avait menti aux français en présentant des enfants tchadiens comme des orphelins du Darfour à la demande même des familles des enfants, qui savaient que nous ne prenions en charge que des orphelins du Darfour, et qui ont profité de l'origine soudanaise de Souleymane pour lui demander de nous présenter les enfants comme des orphelins soudanais.

- Le 08.12.07, M. Souleyman a déclaré à plusieurs personnes qu'en réalité la plupart des enfants qu'il nous a confié sont bel et bien d'origine soudanaise.

A ce jour, le doute persiste donc sur la réelle origine des 63 enfants que M. Souleymane Ibrahim a confié à CHILDREN RESCUE, et lui seul connaît la vérité.

Par ailleurs, il est noté dans la déposition de M. Souleyman que les 22 enfants amenés par le chef HACHIM sont bien des orphelins soudanais.

D. SUR LE TEMOIGNAGE DE MAHAMAT ERITERO

Selon le procès verbal d'audition du 21.11.07, monsieur Mahamat ERITERO déclare en préambule : « je ne connais rien de cette affaire ».

Puis au fur et à mesure de l'interrogatoire, il déclare qu'il a effectué une mission de quatre jours pour CHILDREN RESCUE.

Il précise alors que lorsqu'il est parti à Tiné en mission pour CHILDREN RESCUE : « le chef de mission a dit qu'il voulait des orphelins de père et de mère de TINE SOUDAN ».

Et il conclut sa déposition en expliquant qu'au moment précis où les membres de CHILDREN RESCUE transportaient les enfants vers l'aéroport le matin du 25.10.07, donc avant même leur arrestation, il était déjà au commissariat de police par rapport au problème de ces enfants.

M. Mahamat ERITERO peut donc difficilement faire croire qu'il «ne connaît rien dans cette affaire» et de nombreux doutes émanent de ses déclarations.

M. Mahamat ERITERO déclare qu'il n'a fait que suivre M. Mocktar Fadoul dans la mission de Tiné et qu'il n'a pas pris part directement à la recherche des enfants. Or, les témoignages le contredisent :

✓ le sous préfet de Tiné, le maire de Tiné, le secrétaire général de la mairie de Tiné ainsi que Moktar Fadoul ont tous déclarés lors de leurs auditions et lors des confrontations que c'est bien M. Mahamat ERITERO qui s'est présenté aux autorités et aux communautés de Tiné au nom de CHILDREN RESCUE pour rechercher des réfugiés soudanais orphelins de père et de mère.

Les enregistrements vidéo démontrent qu'au retour de la mission de Tiné, c'est bien M. Mahamat ERITERO qui présente les enfants à CHILDREN RESCUE comme des orphelins du darfour.

Les témoignages de Mahamat Dogoth et Moktar Fadoul confirment également que M. Mahamat ERITERO à bien confié les enfants à CHILDREN RESCUE en les présentant comme orphelins de père et de mère originaires du darfour.

Les différents témoignages des parties civiles confirmant que c'est bien Mahamat ERITERO qui s'est adressé aux populations de Tiné en langue zagawa pour éviter toute erreur de traduction, et qu'il avait bien pour mission de rechercher des orphelins du Darfour.

Enfin, la déposition de Mahmat ERITERO du 21/11 précise : « les parents des enfants nous ont fait savoir que ce sont des enfants de TINE SOUDAN. Au début ces parents étaient au SOUDAN mais les évènements ont fait qu'ils se sont déplacés à TINE TCHAD ».

Mahamat ERITERO était donc réellement le principal intermédiaire de CHILDREN RESCUE avec la communauté de Tiné, il avait reçu pour mission de rechercher des orphelins de père et de mère originaires de Tiné soudan. Il est revenu à Abéché en présentant à CHILDREN RESCUE 15 enfants qu'il a déclaré orphelins du darfour. Si la preuve devait être apportée que les enfants ne sont pas des orphelins du Darfour, ou si, comme le déclare Halimé Mahamat dans sa déposition du 20.11.07, ces enfants ont été « volés » dans leur maison en l'absence de leur famille, il convient alors de rechercher la responsabilité de Mahamat ERITERO pour séquestration et /ou enlèvement d'enfant en vue de compromettre leur état civil en lieu et place de CHILDREN RESCUE.

E. <u>SUR LA COMPROMISSION DE L'ETAT CIVIL DES ENFANTS</u>

Les procès - verbaux d'auditions des parties civiles des 20.11, 21.11, 22.11 et 30.11.07, auxquelles il faut préciser que les avocats de la défense n'ont pas eu le droit d'assister, tous ces procès - verbaux précisent que les prétendues familles ont confié leurs enfants à M. Mahamat ERITERO à Tiné où à M. Souleyman Ibrahim dans la région d'Adré, mais toutes ces familles reprochent aux "blancs" de les avoir trompé ou d'avoir enlevé leurs enfants alors qu'elles n'ont jamais rencontré ces "blancs". Elles n'accusent pas l'intermédiaire qu'elles ont vu, mais les "blancs" qu'elles n'ont jamais rencontrés.

Un exemple éloquent dans le procès-verbal d'audition de KAMISSA ADAM DAOUD du 21.11.07 /

- ✓ Question au Témoin "Qu'est ce que les membres de l'ONG vous ont dit ?"
- ✓ Réponse du Témoin : "Je n'ai même pas vu les membre de l'ONG".
- ✓ Question suivant au Témoin : "Les enfants ont été présentés à l'ONG comme orphelins du Darfour, qu'en dites vous ?".
- ✓ Réponse du Témoin : "Les blancs sont des voleurs et des menteurs".

Comme expliqué précédemment, et comme l'ont montré les vidéos, M. Mahamat ERITERO et M. Souleyman Ibrahim ont présenté les enfants à CHILDREN RESCUE comme des orphelins du Darfour.
S'il y a parmi eux des enfants tchadiens non orphelins cela signifie que ce sont M. Mahamat ERITERO et M. Souleyman qui, en mentant à CHILDREN RESCUE, ont eux même compromis et falsifié l'état civil des enfants.

Si comme l'a prétendu M. Souleyman Ibrahim se sont les familles qui lui ont demandé de mentir en nous présentant des enfants tchadiens comme des orphelins du Darfour, alors ce sont ces familles qui ont compromis l'état civil de leurs propres enfants.

Dans les deux cas, CHILDREN RESCUE a accueilli des enfants qui ont été présentés par Mahamat ERITERO et Souleyman Ibrahim comme des orphelins du Darfour. S'il y a eu mensonge ou tromperie sur l'état civil de certains enfants, ce n'est pas la faute de CHILDREN RESCUE mais bel et bien de Mahamat ERITERO et Souleyman Ibrahim.

Enfin, pour être complet sur ce sujet, il faut préciser qu'aucun des 120 personnels tchadiens de CHILDREN RESCUE, qui discutaient avec les enfants dans leur langue, ni aucun des partenaires Onusiens qui visitaient régulièrement nos bases, n'ont alerté le chef de mission d'un moindre doute sur l'origine soudanaise des enfants pris en charge par CHILDREN RESCUE.
S'il y a eu mensonge ou supercherie, ce ne sont pas les expatriés français, qui ne parlent ni le Massalit ni le Zagawa, qui pouvaient s'en apercevoir.

F. SUR LA TENTATIVE CLANDESTINE D'ENLEVEMENT

C'est sur le point précis que repose toute cette affaire et qui a provoquée cette cabale politico - médiatique contre les 6 blancs de CHIDREN RESCUE. Alors il convient de détailler les événements :

- de mai à octobre 2007, nous avons largement communiquée en France sur notre opération de sauvetage des orphelins du Darfour, que ce soit auprès des plus des hautes autorités Françaises du réseau de familles d'accueil.
- Nos opérations sur le terrain, à l'Est du Tchad, pour rechercher et regrouper des enfants orphelins de Darfour ont commencé le 17.09 avec toutes les autorisations de circulation nécessaires pour nos équipes. L'objectif de cette opération était de sauver au moins 1000 orphelins du Darfour sur une période maximum de 2 ans.
- Le 19.10 nous avons décidé d'une première évacuation de 103 enfants orphelins du Darfour. Je rappelle qu'à cette date aucun doute n'existait sur la nationalité soudanaise des 103 enfants et que personne ne pouvait imaginer les mensonges de MAHAMAT ERITERO et Souleyman IBRAHIM ; ainsi que peut-être aussi les mensonges de certaines familles.
- Le 21/10, notre bureau à Paris a affrété un avion de type Boeing 757 pour permettre le transport des 103 enfants vers la France. En fonction du planning de la compagnie aérienne, la date de l'opération a été fixée au 25 octobre 2007. selon le plan de vol qui nous a été communiqué, l'avion devait arriver le 24 au soir à N'Djamena, puis arriver Abéché le 25/10 à

7h30 du matin pour rédécoller à 10h à destination de Reims-Vatry en France.

- Le 23/10, la compagnie nous a transmis par émail le plan de vol avec les horaires ainsi que la copie de l'autorisation de vol délivrée le 22/10 par le ministère tchadien des transports aériens.
- Le 23/10, l'avocat de CHILDREN RESCUE en France nous a de nouveau confirmé par email la légalité de notre opération d'évacuation d'orphelins de Darfour vers la France, dans un courrier daté et signé que nous joignons au dossier.(Pièce A11)
  Toujours le 23/10,je me suis personnellement rendu a l'aéroport d'abéché pour remettre la copie des document du vol au directeur de l'ASECNA de l'aéroport d'abéché. Celui-ci m'a indiqué qu'il allait informer la gendarmerie et la police de l'aéroport et il m'a demandé de préparer un manifeste de vol avec la liste des passagers pour se présenter au service de police et d'immigration au moins une heure avant l'embarquement.
- Dans un courrier du 27/10, le directeur de l'ASECNA confirme bien la remise des document de vol le 23/10 et confirme avoir prévenu la brigade de gendarmerie ainsi que la police de l'aéroport de notre EVASAN du 25/10 avec un avion gros porteur.

Les autorités tchadiennes étaient donc informées parfaitement de notre opération aérienne, et tous savaient que CHILDREN RESCUE prenait en charge dans ses centres des enfants orphelins du Darfour, tous savaient donc que notre évasan concernait des orphelins du Darfour.

Entre le 23/10 et le 25/10, aucune autorité ne nous a demandé d'autres informations ou d'autres documents pour compléter la procédure en cours.

- dans ce même courrier du 27/10, le directeur de l'ASECNA confirme que l'avion Boeing 757 a atterri sur l'aéroport d'abéché le 25/10 à 7heures 33mn du matin.
- le 25/10, en France, l'ensemble du réseau des familles d'accueil était réuni à l'aéroport Reims-vatry pour accueillir les enfants orphelins du darfour. Les médias étaient sur place pour filmer l'évènement. Le Préfet de Reims ainsi que les gendarmes étaient également présent à l'aéroport d'arrivée dans le cadre de cette EVASAN d'orphelins du Darfour.

A ce stade de l'opération, personne ne peut prétendre à une opération "clandestine", à une opération « d'enlèvement » ou à une opération de "vol d'enfant tchadiens".

C'est en toute bonne foi et dans un but purement humanitaire que nous avons préparé l'évacuation vers la France d'enfants orphelins de la guerre du darfour.

Nous n'avons commis aucun crime répréhensible et avons organisé cette opération d'évacuation d'enfants victimes de guerre en notre âme et conscience dans le seul et unique but de leur permettre d'obtenir le droit d'asile dans un pays en paix.

Nous rejetons catégoriquement les accusations d'enlèvement et regrettons d'avoir été victime des mensonges de Mahamat ERITERO et de M.Souleyman

Ibrahim qui ont présenté comme orphelins du Darfour des enfant qui sont peut être tchadiens.

G. SUR LE FAUX EN ECRITURE PUBLIQUE

L'arrêt de la Chambre d'Accusation du 12/12 précise en page 6 que l'ONG s'est rendu coupable de faux en écriture publique en présentant les attestations, signées par M. Souleyman, certifiant que les enfants sont des orphelins de père et mère originaires du Darfour alors que M. Souleyman Ibrahim nie avoir signé une quelconque attestation, ni même avoir jamais vu ce papier à Adré.

Une fois encore, cette accusation repose sur des mensonges de M. Souleyman Ibrahim, qui peuvent facilement être démontrés par les vidéos et les photos de M. Souleyman entrain de remplir et de signer ces attestations, comme à chaque fois qu'il se présentait à la base d'Adré de CHILDREN RESCUE pour confier des enfants.

Il faut préciser aussi que CHILDREN RESCUE a toujours mené son opération avec la volonté d'évacuer vers la France des orphelins du Darfour et que pour ce faire en toute légalité, pour permettre aux enfants d'obtenir le droit d'asile en France, il était impératif que les chefs de villages qui nous confient des enfants orphelins rédigent des attestations pour certifier leur état civil.

M. Mahamat ERITERO précise dans sa déposition du 27/10 que lorsque l'ONG l'a envoyé en mission à Tiné Soudan.

Je site : "Avant de partir,
Ils nous ont donné des documents imprimés en Français et en Arabe pour faire signer les familles ou chefs de race qui acceptent de confier leurs enfants à cette ONG. C'est ainsi que certains ont signé..."

Ces propos sont également confirmés par la déposition du Maire de Tiné du 30.10.07.

Nous rejetons donc catégoriquement cette accusation de "Faux en écriture publique" qui n'est basé que sur un autre mensonge de M. Souleyman Ibrahim.

H. SUR LA GRIVELERIE

L'arrêt de la Chambre d'Accusation du 12.12.07 reproche à l'ONG des faits de grivèlerie en accusant celle-ci d'avoir "occupé des chambres à Adré et à Abéché et utilisé des véhicules sachant bien être dans l'impossibilité de payer".

L'arrêt précise que : "Eric BRETEAU parle d'un chèque de 17 milliards pour régler les frais alors que le solde de leur compte est de 423.085 F.CFA". Et que cela constitue donc la grivèlerie.

En réponse à cette accusation je fournis à la Cour une copie des relevés de compte de notre ONG qui précisent un solde créditeur de 80705 euros.

Nous disposions du budget nécessaire pour cette opération et n'avons jamais engagé de dépenses que nous serions dans l'impossibilité de payer.
Nos personnels et nos locations de maison ont été payés d'avance jusqu'à la fin du mois d'octobre ce qui est totalement contradictoire avec cette accusation de grivèlerie.

L'arrêt de la Chambre d'Accusation évoque un soit disant chèque de 17 milliards de francs CFA, ce qui il faut le faire remarquer est un peu exorbitant pour des locations de chambres et de voitures, alors qu'en réalité Eric BRETEAU a remis à M. Hassan Adoum le 25/10 au matin un chèque de 17.600.000 F.CFA pour payer en fin de mois les locations de voiture, plus 2.000.000 de F. CFA en espèce pour régler les dépenses courantes ainsi que les deux personnels salariés qui n'avaient pas touchés leur salaire, car ils étaient absents à ce moment.

M. Hassan Adoum prétend dans sa déposition avoir rendu ce chèque et ces espèces à Eric BRETEAU alors que celui-ci était déjà en détention au Commissariat d'Abéché.
C'est non seulement faux mais ne constitue de toute façon aucun acte de grivèlerie.

Si à la fin du mois d'octobre quelques factures restent impayées, nous le regrettons vivement mais c'est en fait dû à l'emprisonnement de l'équipe de CHILDREN RESCUE à partir du 25/10, conjugué au blocage des comptes bancaires par les Autorités Françaises.

Nous rejetons catégoriquement ces accusations de grivèlerie, car nous avions le budget disponible et avons toujours honoré nos dépenses, souvent même par avance, avant que nous soyons paralysés dans notre action par les Autorités Tchadiennes et Françaises.

EN CONCLUSION GENERALE,

- ***Je rappelle que nous n'avons jamais compromis l'état civil des enfants et que nous en avons apporté la preuve et démontré les mensonges de Mahamat ERITERO et de SOULEYMAN IBRAHIM.***

- ***Je rappelle que nous n'avons jamais commis d'enlèvement clandestin d'enfant et que nous avons apporté la preuve que les autorité tchadienne étaient informées de notre opération 2 jours avant sans demander plus d'explication.***

- ***Je rappelle que nous n'avons jamais commis de faux en écritures publique ni d'acte de grivèlerie et que nous avons apporté la preuve des propos mensongers à l'origine de ces accusations.***

PIECES VERSEES AUX DEBATS

A 1

Ministère des Affaires Etrangères
Monsieur Laurent CONTINI
37 quai d'orsay
75014 Paris

Paris, le 4 juillet 2007.
Objet : premier contact

Cher Laurent,

Nous souhaitons par ce courrier vous remercier de l'excellent accueil que vous avez bien voulu nous réserver lors de notre entretien de ce matin dans vos locaux.

Pour vous confirmer mes propos lors de cet entretien, nous vous confirmons que dans le cadre de notre opération d'évacuation des orphelins du Darfour, L'Arche de Zoé prend toutes les dispositions nécessaires pour que cette opération humanitaire se déroule dans un cadre strictement légal et dans le seul intérêt des enfants.
Les enfants évacués seront formellement identifiés comme orphelins de père et de mère, sans famille proche connue pour les prendre en charge, et les attestations des autorités locales et des organisations humanitaires internationales participant à l'opération attesteront de la situation de péril imminent de ces enfants.
L'ensemble des opérations et des procédures seront supervisées par des équipes professionnelles et filmées par plusieurs équipes de journalistes, afin d'éviter toute contestation sur l'origine mais aussi l'avenir de ces enfants orphelins.

Comme évoqué lors de notre entretien, nous avons conscience des possibles répercussions de cette opération humanitaire et espérons sincèrement que les conséquences en seront positives. Nous collaborerons pleinement, dans la mesure de nos possibilités, avec vos services afin que vous puissiez disposer d'un maximum d'informations vous permettant, au besoin, d'intervenir de façon positive et constructive en faveur des populations martyrisées du Darfour puisque c'est pour votre ministère, comme pour notre organisation humanitaire, une priorité..

Nous vous joignons à la présente la copie de la lettre adressée le 1er juin dernier à Monsieur le Ministre des Affaires Etrangères pour l'informer de notre opération.

Nous restons à votre entière disposition pour toute information complémentaire et ne manquerons pas de vous tenir informé du déroulement des opérations.

Dans l'attente du plaisir de vous revoir prochainement, nous vous prions de croire, cher Laurent, en l'expression de nos sincères salutations.

Eric BRETEAU
Président

Ministère de la Justice
Madame Rachida DATI
Garde des Sceaux
13 place Vendôme
75042 PARIS cedex 01

Paris, le 08 août 2007.
Objet : Demande de soutien

Chère Madame,

Nous avons l'honneur de vous solliciter dans le cadre de notre opération d'assistance aux enfants orphelins du Darfour.

L'Arche de Zoé est une organisation humanitaire, créée en 2005 juste après le Tsunami qui a dévasté l'Asie du Sud-Est. En deux années sur le terrain, notre organisation a su démontrer sa capacité d'action, son sens du devoir et de l'efficacité au service des enfants en détresse, et a aussi apporté une aide concrète et efficace à plusieurs institutions humanitaires comme l'UNICEF, Action Contre la Faim, Pompiers Sans Frontières ou encore Enfants Réfugiés du Monde.
Parrainée par Carole Montillet et Hubert Auriol, L'Arche de Zoé est soutenue par la Fédération Nationale des Sapeurs-Pompiers de France, la Fondation Hôpitaux de Paris – Hôpitaux de France et plusieurs autres fondations d'entreprise, L'Arche de Zoé dispose aujourd'hui d'une base solide pour assurer la pérennité de ses activités et de ses programmes.

En 2007, nous avons lancé un projet d'assistance aux enfants orphelins du Darfour. A cette occasion, j'ai personnellement participé à la mission d'évaluation conduite au Soudan en avril dernier. J'ai pu par moi-même constater l'ampleur de la catastrophe et du drame humain dont sont victimes les populations civiles du Darfour.
Sur place, un enfant meurt toutes les 5 minutes dans des conditions indignes. Nous avons le devoir d'agir et d'intervenir pour venir en aide à ces enfants victimes du conflit.

Face à une situation inextricable sur le terrain, devant l'impossibilité d'agir concrètement et efficacement sur le terrain auprès des victimes compte tenu de la situation politique locale, nous avons décidé de procéder à une évacuation d'urgence des enfants orphelins en danger.

En partenariat avec les communautés locales du Darfour, et avec l'appui technique et logistique de plusieurs ONG internationales, nous prenons toutes les dispositions pour identifier formellement, avec documents à l'appui, les enfants orphelins de père et de mère, sans famille proche connue susceptible de les prendre en charge, et qui se trouve en situation de très grande vulnérabilité.

Une fois formellement identifiés, ces enfants sont évacués vers un premier camp d'accueil de L'Arche de Zoé où ils peuvent être pris en charge par les équipes de L'Arche de Zoé composées de médecins urgentistes et de Sapeurs-Pompiers, et recevoir les soins et la nutrition appropriée à leur état de santé.

Après une prise en charge adaptée pour permettre de stabiliser leur état de santé, les enfants seront évacués vers la France où nous avons déjà constitué un réseau de plusieurs centaines de familles d'accueil bénévoles et volontaires pour assurer la prise en charge de ces enfants et leur permettre de formuler et d'obtenir le droit d'asile.

A leur arrivée en France, ces enfants seront présentés aux autorités afin d'officialiser et de régulariser rapidement leur situation conformément au droit français.
D'abord, ils devront être présentés aux autorités de la Police aux Frontières pour la délivrance d'une Autorisation Provisoire de Séjour (APS) palliant l'absence de passeport. Ensuite, une fois les enfants confiés au réseau des familles d'accueil bénévoles, nous entamerons les démarches pour que les familles puissent formuler au nom des enfants les demandes d'asile réglementaires.
En parallèle, nous informerons immédiatement les services préfectoraux et d'Aide Sociale à l'Enfance pour que les services de l'état puissent assurer un contrôle et un suivi du placement de ces enfants.

Votre efficacité dans ce domaine est déterminante, et nous sollicitons votre soutien car nous sommes convaincus que votre intérêt pour les enfants et votre présence à leur arrivée en France permettra de régulariser rapidement leur situation administrative et leur placement au sein des familles d'accueil.
A l'enfer auquel nous avons arraché ces enfants, au choc que représente le déracinement et que nous essayons de minimiser, nous souhaitons que notre pays puisse les aider à se reconstruire en toute sécurité.

Si notre opération se veut résolument originale et anti-conformiste, même si elle va heurter certaines susceptibilités ou certains milieux liés à l'action humanitaire, à l'adoption ou à l'aide à l'enfance, cette opération n'en est pas moins complètement légitime et légale au regard de la convention des droits de l'homme, des droits de l'enfant et de la convention de Genève de 1951.

Au travers des nombreux articles parus dans la presse, nous avons déjà mesuré l'impact positif de notre action et le soutien de l'opinion publique dans cette opération de sauvetage d'enfants en détresse. Deux équipes de télévision, d'envoyé spécial et de TF1, filmeront intégralement l'opération afin de pouvoir diffuser largement les images de ces enfants sortis de l'enfer du Darfour.

Dans l'espoir d'une réponse favorable de votre part, nous nous tenons à votre entière disposition pour de plus amples informations, et vous prions d'agréer, chère Madame, l'expression de nos sentiments les plus respectueux.

Eric BRETEAU
Président de L'Arche de Zoé

Pièces jointes :
- Communiqués de L'Arche de Zoé sur la situation au Darfour
- Revue de presse de l'opération de L'Arche de Zoé au Darfour
- Renseignements administratifs sur L'Arche de Zoé
- Bilan des opérations Tsunami de L'Arche de Zoé
- Statuts de L'Arche de Zoé

Agence pour la Sécurité de la Navigation Aérienne en Afrique et à Madagascar
Siège Social : 32-38 Av. Jean Jaurès DAKAR - B.P. 3144 - Tél. 823 10 40 / 823 93 30 / 823 95 70 - Fax 823 46 54 - Télex 51 680 SG

La Représentation auprès de la République du Tchad
Boîte Postale 70 N'DJAMÉNA - Téléphone 252 55 26 / 252 57 53 - Fax 252 62 31 - Email asecna@intnet.td

Aérodrome d'Abéché
BP: 109 Tel : 2698126

Abéché, le 27 Octobre 2007

RAPPORT SUR LA SITUATION DU VOL DE CHILDREN RESCUE.

Ce jour, Jeudi 25 Octobre 2007 à 7h33mn en provenance de N'Djamena, atterrit en piste 09 de l'aérodrome d'Abéché un avion de type Boeing 757 version 200 affrété par l'ONG «Children Rescue ».

En effet Children Rescue nous a déposé le 23 Octobre 2007 l'Autorisation (N°1489/ADAC/DG/DTA/07) de survol et d'atterrissage du territoire tchadien délivrée par l'Autorité de l'Aviation Civile (ADAC) en date du 22 Octobre 2007 pour motif d'évacuation sanitaire; nous avons donc informé la Brigade et la Police de l'aéroport d'Abéché.

A l'atterrissage le Contrôleur a jugé nécessaire de parquer l'avion sur la raquette de la piste 27 et c'est le cas habituellement lorsque nous recevons des gros porteurs étant donné que le parking est très étroit.

Nous avons constaté par la suite que l'avion a une immatriculation (TF-LLZ), idem sur le plan de vol reçu depuis N'Djamena, différente de celle spécifiée sur l'Autorisation de l'ADAC (EC-GTN) même si l'avion est bel et bien un B757-200.

Aussi le propriétaire de l'avion de l'avion est GIRJET Et non Children Rescue comme indiqué sur la dite Autorisation.

A part ça nous n'avons décelé aucune autre irrégularité d'ordre technique.

Le Chef Circulation Aérienne

ASECNA — Le Chef de Bureau Circulation Aérienne — AÉRODROME D'ABÉCHÉ

DJAAFAR ASSADIKH YOUSSOUF

Bénin - Burkina - Cameroun - Centrafrique - Comores - Congo - Côte d'Ivoire - France - Gabon - Guinée Equatoriale - Guinée Bissau - Madagascar - Mali - Mauritanie - Niger - Sénégal - Tchad

« Les intrigues du palais »

« ... Tout est faussé et grotesque dans ce procès de L'Arche de Zoé. Depuis quelques jours, une énième péripétie se déroule. Beaucoup sont surpris que les parents aient les moyens de se déplacer et de se loger à N'Djamena.

Interrogés, beaucoup de « parents » ont avoué. Ils n'ont aucun lien de parenté avec les enfants, et d'ailleurs aucune confrontation « enfants/parents » n'a eu lieu de façon formelle.

On les a payés pour venir témoigner, enfin pas tout. En effet, les sbires de Déby profitent de tout, ils n'ont payé qu'une partie de ce qui leur était dû. Le reste sera donné « en fonction de la manière convaincante dont les supposés parents parleront au tribunal ».

On parie qu'ils n'auront rien ?

Félicia Djiboum – N'Djamena

Témoignages

Cher Eric, je n'arrivais pas, jusqu'à aujourd'hui à t'écrire quelques mots. Ce n'est pourtant pas les mots qui me manquaient mais mon cœur était si lourd... Il m'a fallu du temps, et il m'en faudra encore, pour comprendre ce monde et ses ravages. Tant de choses nous dépassent, nous et nos belles valeurs, nos idéaux, nos sourires et nos soleils intérieurs. Mais ne stoppons pas notre quête, elle en vaut la peine, elle est l'essence même de la vie...

Stéphanie M. – Isère

27 octobre 2007,

« La radio égraine les mêmes conneries. « Illégal et irresponsable. » Le petit couplet de Rama Yade passe en boucle. « Illégal et irresponsable. » C'est un véritable lavage de cerveau. « Illégal et irresponsable. » Je finis par me demander si elle a plus que deux mots de vocabulaire à son lexique ! « Illégal et irresponsable. » Visiblement, elle n'en a que deux.

Pourtant, la langue française est riche. Mme Yade pourrait faire preuve d'imagination et utiliser quelques synonymes. « Illicite et irresponsable » ou encore « hors la loi et inconscient » ou bien « illicite et irréfléchi ».

Non, elle assène sa formule. « Illégal et irresponsable. » « Illégal et irresponsable. » « Illégal et irresponsable. »

Elle a un langage binaire. A moins qu'elle ne se contente d'adapter son discours à l'image qu'elle se fait du peuple.

Plus c'est court, plus c'est percutant, plus c'est efficient. Son « Illégal et irresponsable » n'est rien de plus qu'un slogan publicitaire. Redoutablement efficace. En 24 heures, sa formule a scellé l'opinion publique qui, quoi qu'il arrive, restera campée sur le slogan « Illégal et irresponsable ».

Elle les a condamnés sans autre forme de procès. Présomption d'innocence, information judiciaire, enquête, instruction, témoignages, preuves à charge et à décharge. Tout s'envole. A l'ère de la zapette et de la bêtise, on ne va quand même plus s'encombrer de ces procédures archaïques ! C'est poussiéreux, c'est caduc, c'est ringard. Une belle petite formule lancée sur les ondes et répétée inlassablement jusqu'à l'écœurement et on passe à autre chose !

Le rôle de l'Etat ? Les responsabilités des hautes sphères étatiques ? Aux oubliettes.

Souvenez-vous ! On vous a déjà dit que cette opération était « illégale et irresponsable ».

Vos paupières sont lourdes, votre esprit s'endort, ayez confiance !

Juliette B. – Isère

L'Arche de Zoé a servi de bouc émissaire et de défouloir à ceux qui veulent se donner bonne conscience.

Mais les enfants sont-ils nés pour vivre les atrocités d'une guerre ?

A quoi cela sert-il de soigner et de nourrir des milliers de personnes en détresse sans dénoncer haut et fort les circonstances qui les ont menées là ?

Notre silence ne nous rend-il pas complices ?

En tout cas, la situation des enfants et des femmes au Darfour reste dramatique et désormais personne ne pourra prétendre l'ignorer.

Gisèle N. – Hauts-de-Seine

Mon association dédiée à la jeunesse du Burkina Faso a appris avec indignation l'arrestation de l'équipe de L'Arche de Zoé au Tchad. Cette arrestation nous préoccupe dans la mesure où nous, les Africains, savons comment votre structure soigne afin d'apporter un soutien aux enfants en difficultés. L'opération qu'avait voulu mener L'Arche de Zoé est, à notre sens, très noble car les 103 enfants du Darfour vivaient dans des conditions difficiles et critiques. Nous ne pouvons que vous soutenir moralement et vous témoigner toute notre gratitude pour votre engagement à soutenir les enfants africains en danger.

Nous voulons que vous sachiez que les associations comme la nôtre en Afrique seront toujours disposées à vous accompagner dans toutes les actions que vous souhaiterez mener en Afrique dans le futur.

Karim Traore – Burkina Faso

Depuis le 25 octobre 2007 je n'ai jamais eu de doute sur les valeurs de L'Arche de Zoé et de ses membres. La grande difficulté pour moi aujourd'hui consiste à élever mes enfants en leur inculquant des valeurs d'honnêteté, de respect, de tolérance et de justice alors qu'ils ont été témoins d'une aussi cruelle injustice.

Agnès B. – Hauts-de-Seine

« Papa, je t'aime, il faut que tu leur dises qu'ils arrêtent de dire des mensonges. »

John-Nicolas B. – 6 ans

Dans les moments un peu trop gris, n'oubliez jamais que dans l'ombre, dispersés un peu partout en France, nous sommes là, tous, à vous soutenir, à penser à vous six, à vous attendre pour ce jour de fête où enfin vous serez libres...

Frédérique B. – Ardèche

Monsieur Eric avait le visage plutôt sévère, mais ça changeait quand il était avec les enfants et qu'il les prenait dans ses bras. Son préféré, Djamous, un gamin têtu de 4 ans, ne le lâchait pas. Tous les Français s'occupaient bien des enfants, ils leur donnaient de l'eau de source, du Coca, des biberons. On sentait qu'ils les aimaient ...

Mahmoud, traducteur pour L'Arche de Zoé

Depuis le 25 octobre, je t'avoue que je ne comprends plus rien. Les politiques ont prétendu n'être au courant de rien alors que tu avais communiqué longuement sur cette opération humanitaire. Donc les autorités françaises ont menti et ne sont pas fiables.

Des organisations humanitaires ont prétendu qu'il n'y a pas de génocide au Darfour et qu'il n'y a pas d'orphelins. Bref, pour elles, tout va bien, elles gèrent du moment qu'elles reçoivent des dons...

Tous ces philosophes et ces bien-pensants choqués à l'idée de déraciner ces enfants. Il faudrait alors les laisser crever à petit feu dans leur milieu naturel ?

Et enfin, les torchons de certains journalistes et de certains médias, et aussi la déception que j'ai ressentie suite au témoignage de Marie-Agnès...

Alors maintenant, il n'y a qu'une chose que j'attends : c'est ton témoignage, celui de la vérité, car j'ai conscience aujourd'hui de la pourriture du monde dans lequel on vit.

Françoise M. – Toulouse

Je suis indignée et révoltée par l'attitude de la France dans cette affaire, et tout particulièrement par notre pseudo-secrétaire d'Etat aux Droits de l'homme. Non seulement elle a menti et massacré les droits fondamentaux des six membres de L'Arche de Zoé, mais elle a violé les droits des femmes et s'en est amusée et félicitée devant la presse.

Elle mériterait la haute cour de justice et surtout mériterait d'être condamnée à purger quelques mois de prison, par exemple à Fresnes ou aux Baumettes, dans le quartier des hommes ! Elle comprendrait alors peut-être la monstruosité de ce qu'elle a fait subir à Emilie et Nadia.

Noémie W. – Marseille

Le 15 mars 2008, nous avons vu à la télévision les images des enfants qui étaient « rendus » à leurs soi-disant familles. Très bizarrement, après 5 mois, les enfants n'ont manifesté absolument aucune joie lors de ces prétendues

« retrouvailles »... Pauvres petits, eux aussi sont les victimes sacrifiées de cette abominable mascarade !

Francine L. – Nord

Imaginez endurer la même situation que tant de parents subissent au Darfour : craindre le pire pour votre famille et finir par succomber et laisser dans cet enfer un orphelin livré à lui même dans la misère et la peur que peut entraîner un état de guerre, de famine et d'insécurité. Ceux qui n'ont toujours pas compris l'Opération Darfour de L'Arche de Zoé (ne perdons pas espoir !) affirment que ce n'est pas à une famille du bout du monde de tendre la main mais à votre propre pays. Mais comment demander de l'aide à celui-là même qui veut votre fin ? Comment ne pas espérer que des regards bienveillants se posent sur votre enfant, des mains se tendent vers lui pour lui apporter une aide concrète et beaucoup d'humanité afin de lui donner une chance de grandir ailleurs que dans l'enfer de la guerre et de la misère ?

Lorsque nos enfants et petits-enfants à tous nous demanderont « mais qu'est-ce que tu as fais toi pour aider les enfants du Darfour », certains dont Eric, Emilie, Nadia, Alain, Phil, Dominique et tous ceux qui ont décidé de participer activement à l'Opération Darfour de L'Arche de Zoé répondront qu'ils ont essayé parfois au péril de leur vie et de leur liberté de faire bouger les choses, de sauver de l'enfer de la guerre, de la misère et de l'insécurité des enfants orphelins du Darfour, alors que d'autres n'auront que misérablement le bout de leurs chaussures à regarder...

Estelle F. – Haute-Savoie

Comme vous le dénoncez fort bien, la secrétaire d'Etat aux Droits de l'homme est complètement indigne de sa fonction ministérielle. Hormis profiter de la moindre opportunité de polémique pour faire la une des médias afin de servir sa carrière politique, elle n'a absolument rien apporté à la défense des droits de l'homme, ni en France ni à l'étranger, depuis sa prise de fonction. De surcroît, dans l'affaire de L'Arche de Zoé elle a menti aux Français et à leurs représentants parlementaires. Malheureusement, elle semble être la petite protégée du président de la République. Dénoncer son incompétence n'est pourtant qu'un doux euphémisme, au risque de se faire traiter de sexiste parce que c'est une femme ou de raciste parce qu'elle est noire de peau. Lors des élections municipales 2008, le peuple lui a pourtant adressé un message très clair : « Dehors ! »

Anne-Lise F. – Gironde

Ce livre est à la fois édifiant et terrifiant sur la cruauté de notre monde actuel. Je suis résolue à apporter ma pierre à L'Arche de la Résistance et je vais immédiatement conseiller ce livre à tous mes proches et à tous mes amis pour informer le plus de monde possible. Je suis convaincue qu'à leur tour ils transmettront le message pour qu'ensemble nous bâtissions un grand réseau de Résistance. Je suis fière d'être votre compagnon d'arme.

Maxime D. – Saône-et-Loire

Laissons de côté les propos injurieux du président tchadien, la tempête médiatique, les lâches qui fuient dès que les choses tournent mal.

Je ne garde de cette aventure qu'un très beau projet et toutes ces rencontres avec des gens au grand cœur et l'amitié qui en découle.

Merci à vous, je ne doute pas de votre sincérité et je n'en ai jamais douté.

Ces enfants n'étaient pas là par hasard, vous leur avez apporté quelques semaines de bonheur. Je ne vous oublierai pas, je ne les oublierai pas.

Sylvie M. – Seine-Maritime

Nous avons pris connaissance de l'opération Darfour menée par L'Arche de Zoé fin avril 2007 par l'intermédiaire d'une amie qui nous a transmis l'appel. Celle-ci pensait que nous allions nous y intéresser et nous y investir d'une façon ou d'une autre.

Pour notre part, nous avons une expérience en ONG pour des actions de développement local durant deux ans au nord-est du Sénégal. Notre approche de l'opération Darfour a été donc faite avec un regard critique.

Nous avons répondu au triple appel : dons de matériels en organisant des collectes, dons financiers en faisant appel à tous, et nous nous sommes proposés comme familles d'accueil bénévoles.

Bien sûr le conflit au Darfour n'est pas résolu, bien sûr nous sommes plus que jamais inquiets sur le sort du peuple Darfouris et de ses laissés-pour-compte, bien sûr nous avons compris par cette aventure que les intérêts individuels prévalent sur l'intérêt collectif, bien sûr la déception est grande de constater dans quel monde nous vivons.

Mais malgré tout nous sommes fiers de participer avec L'Arche de Zoé et le collectif des familles pour les Orphelins du Darfour à la mise en lumière des dysfonctionnements de nos sociétés et de notre incapacité à faire bouger les choses.

Nous ne voulons pas être de simples spectateurs des massacres de masses (génocide n'étant pas utilisé pour ce type de conflit!!!, *dixit* le ministère des Affaires étrangères).

Pendant que nous écrivons ces lignes, le conflit au Darfour persiste, des innocents meurent dans l'indifférence générale, les trafics d'armes perdurent.

Que ce soit au Darfour, au Tibet, en bas de chez vous, réfléchissez à ce que vous mettez derrière le mot solidarité entre les peuples, droits de l'homme et de l'enfant.

Merci, Eric, Emilie, Alain, Nadia, Dominique et Philippe. Souhaitons que votre incarcération absurde ait pu agiter les consciences!

Sylvie et Jean-Bernard B. – Yonne

Celui qui se bat

Ce n'est pas celui qui critique qui est important, ni celui qui montre du doigt comme l'homme fort trébuche ou comment l'homme d'action aurait pu faire mieux.

L'hommage est dû à celui ou celle qui se bat dans l'arène, dont le visage est couvert de poussière et de sueur, qui va de l'avant vaillamment, qui commet des erreurs et en commettra encore, car il n'y a pas d'effort humain sans erreur et imperfection.

C'est à lui ou à elle qu'appartient l'hommage, à celui ou à celle dont l'enthousiasme et la dévotion sont grands, à celui ou à celle qui se consume pour une cause importante, à celui ou à celle qui, au mieux, connaîtra le triomphe du succès, et au pis, s'il échoue, saura qu'il a échoué alors qu'il risquait courageusement.

C'est pourquoi la place de cet homme ou de cette femme ne sera jamais avec ces âmes tièdes et timides qui ne connaissent ni la victoire ni la défaite.

Citation de GANDHI
Catherine S. – Nord

Table

Cet ouvrage a été composé et imprimé par la
SOCIÉTÉ NOUVELLE FIRMIN-DIDOT
Mesnil-sur-l'Estrée
pour le compte des Éditions Plon
76, rue Bonaparte
Paris 6e
en avril 2008

Imprimé en France
Dépôt légal : avril 2008
N° d'édition : 14325 – N° d'impression : 90054